步履不停

KEEP ON WALKING

一位管理咨询创业者的
激荡 25 年

祝波善 • 著

上海三联书店

我与祝波善总相识近 20 年，相伴和见证了祝总从严肃认真的"有志青年"到风趣幽默的"智慧大师"，多年来是他的忠实"粉丝"，同样我们启迪设计在过去 20 年发展的每个关键时刻都得到过祝总和天强的悉心指导和鼎力帮助。《步履不停》中的文与事，读来非常熟悉、亲切，这是祝总与天强 25 年来发展的实践和沉淀，从另一个角度也反映了工程勘察设计行业的发展历程。

——启迪设计集团股份有限公司董事长　戴雅萍

与天强公司结缘可以追溯到 2015 年，已相伴成长 10 年。天强公司是管理咨询企业中践行平台化战略的集大成者，是企业探索平台化发展之路的成功样本，我是其中的见证者、参与者、受益者。它为我国勘察设计行业企业搭建了交流思想、对接资源的大平台，为行业企业共同进步作出了巨大贡献。《步履不停》讲述了其激荡成长的 25 年，值得广大读者在娓娓道来的叙事中寻找前进的力量、勇气和智慧。

——中信环境投资集团有限公司
党委书记、董事长　杨书平

波善是小我四级的上海交大学弟，他睿智、有思想、富情怀，对待事物往往有开阔的视角和深刻的洞察，我们之间会经常围绕一些行业、企业的变革议题进行讨论。他带领的天强团队服务了很多电力能源企业的转型探索，也为不同行业跨领域、跨区域的沟通合作搭建了系列交流平台，做出了卓越贡献。希望他们能坚守初心，继续为工程勘察设计行业的高质量发展提供扎实支撑。

——中国能建中国电力工程顾问集团有限公司
董事长、电力规划设计总院院长　罗必雄

大大小小的管理咨询公司在中国非常之多，能够存活 25 年的很少，能够深耕一个行业做管理咨询 25 年的几乎没有。天强公司应该是中国管理咨询行业的隐形冠军。我和祝波善总是老朋友了，眼看着他创业、发展、壮大，他做的是一米宽万米深的事业，有别人无法企及的核心竞争力。行行出状元，他是工程勘察设计行业管理咨询的状元。

——中国企业改革与发展研究会原副会长
国务院国资委企业改革局原副局长　周放生

总喜欢称波善兄为祝老师。相识多年，一直视他为行走的活教材和学习标杆。1997 年，我以一个外企负责人的身份进入中国市场，有幸成为这个风起云涌、城市建设大浪潮里的一份子。多年来，每每在风浪里摸爬滚打的时候，总把祝老师当成一座灯塔来指引我前行的方向。我敬佩他的坚毅，更感动在那份坚韧不拔背后，他对工程勘察咨询设计行业的激情和对国家社会的大爱。祝老师和天强 25 年的步履不停，已在时代里留下了深刻的足迹，也鞭策着我和同业们步履不停，一起为中国的城镇建设留下让后人动容的足迹。

——盛裕集团集团首席执行官兼董事会董事　乔全生

1999 年 8 月祝波善跟随上海市科技代表团去美国考察

1999 年 10 月祝波善在天强办公室

2003 年 6 月祝波善在去见客户的轮渡上

2004 年 10 月祝波善参加建筑设计华东联席会

2005 年 2 月祝波善在郑州参加改制员工持股方案宣讲会

2007 年 8 月天强策划主办的第一届思翔院长论坛在成都举办

2012 年 9 月天强 13 周年对安徽省金寨县张冲乡黄畈中心小学进行爱心捐赠

2015 年 9 月祝波善就新一轮改革推进接受《第一财经》连线采访

2015 年 12 月首届"思翔·创新实践案例研究"推介结果揭晓

2017 年 9 月天强 18 周年活动，部分嘉宾合影

2017 年 9 月祝波善参加母校活动

2017 年 9 月祝波善在拉萨参加建筑设计西南联席会

2019 年 1 月思翔 2019 新年座谈会（武汉站）

2019 年 1 月天强迎新晚会合影

2019 年 6 月天强公司骨干人员录制司歌

2019 年 7 月祝波善与客户代表一起为
天强武汉分公司乔迁剪彩

2019 年 8 月天强 20 周年祝波善与客户代表
一起切蛋糕

2019 年 11 月思翔欧洲考察团一行参观
西班牙 gpo 公司

2020 年 2 月天强第一次尝试线上直播

2020 年 7 月祝波善在武汉为客户作报告

2021 年 5 月第十五届思翔院长论坛与会人数突破 300 人

2023 年 2 月天强产业研究院揭牌

2023 年 5 月祝波善荣获"上海市优秀中国特色社会主义事业建设者"称号

2023 年 12 月天强洞察活动，祝波善带来年度演讲

2024 年 3 月天强策划举办"2024 思翔新加坡考察交流行"，20 余位设计企业管理者走进盛裕集团

目 录

以变革之名，记录一个时代的侧影

2024 年 9 月 9 日，天强成立 25 周年。

天强一直很认真地庆祝自己的周年庆。在外部，我们常常收到来自客户、朋友等多方面的祝贺和鼓励，这些鼓励成为我们一路走来的力量；在内部，我们每年都会策划一个文化主题，大家一起讨论、共识，共同汇集前行的激情。

也是因此，每年一次的周年庆主题策划常常让想要推陈出新的同事们挠头，我跟同事说，"天强是一家小公司，在时代的浪潮里，常常如履薄冰，所以我们把每一年都当成最后一年来过"。这句话，不全是玩笑，在统计数据里，"中国中小企业的平均寿命是 2.5 年"。

过去的 25 年，对我个人来说，是步履不停的 25 年；对天强来说，是风雨兼程的 25 年；对这个时代来说，更是独一无二的 25 年。

往事并不如烟。我想借 25 周年的契机，为大家讲述在中国这片特殊的土壤上，一位 70 年代创业者的梦想与现实；讲述作为一名领头人，我带领天强发展的实践与沉淀；讲述在服务企业变革、助力工程勘察设计行业转型过程中，我的所思所见。讲述这些，不是因为这一切有多么伟大或者成功，更不是因为个人经历有多么困苦和煎熬，而是因为时代与个体从来都是血脉相连的命运共同体，我想用自己的"体感"折射民营企业 / 企业家这一群体，在大时代背景下的应对与努力，留下一个时代的侧影。

（一）大海沉浮，如履薄冰

时代是一片大海。25年里，非典、金融风暴、汶川地震、北京奥运、中美贸易战、新冠肺炎疫情等重大事件扑面而来，门户网站、互联网电商、微博、微信、ChatGPT、大模型……前所未有的变化让我们应接不暇。

很荣幸，我见证了这25年的多姿多彩，市场化真正起步，城市化进程迅猛发展，国企改革跌宕起伏，工程勘察设计行业规模扩大、不断推进创新转型，这样的风云际会，让和天强一样的许多企业拥有了难得的发展机遇。与此同时，目之所及之处，我也看到了一些如日中天的企业在浪潮涌动中成为明日黄花。

风平浪静有时，狂风暴雨有时，只有变革，才能适应时代的要求。

大海沉浮，天强像驶入其中的一叶扁舟，怀抱着远航的梦想，却常常在前进的道路上如履薄冰。

作为最早一批成立的管理咨询公司之一，天强历经管理咨询行业起步、规范、提升、寻求转型的整个过程。初创时期，是一段激情燃烧的岁月，也是一段兴奋、迷乱的日子，为了让公司像一个公司、像一个咨询公司，天强在充满希望的思索和无穷的试错中努力存活；确立走"市场化、专业化、特色化"的道路，天强走过了一段执着孤独的岁月，在内外部的种种洗礼下，默默专注于形成"一个专业、一个行业"的格局；向平台化转型的过程里，服务理念、文化理念、业务体系、组织体系、机制体系等全方位的变革，像暴风雨一样向我们袭来……前行的方向时而清晰、时而迷蒙，我们一方面不断捕捉时代变迁的讯息，一方面不断丰富完善自身变革转型的内涵。

我深知变革的意义，"变化是唯一不变的东西，企业必须通过一系列有效的变革手段，实现企业整合内外部资源体系的不断优化，从而实现企业的有效转型"，天强要活下来，更要在变革中完成可持续发展的蜕变。

我也不曾忘记出发时的梦想，"成立一家知识服务企业，这家知识服务企业应该自觉地推动中国咨询产业发展，倡导企业'整合资源、创新管理、文化导向、资本经营'，为中国市场经济体系的完善和迎接知识经济的到来，实现中华民族伟大复兴，作出应有的贡献"。不照进现实的梦想是空想，但照进了现实的梦想，历程总是布满了艰辛。

而且，天强倡导为客户创造价值，致力成为引导、推动客户变革的卓越伙伴，那么我们首先要自己践行变革，将变革的理念、方法、工具本土化、实践好，然后才能告诉客户"针能不能打？打了有没有效果？"。

"变革是找死，但不变革，是等死。"天强没有选择。

（二）挥洒激情，步履不停

创业并非易事，变革充满崎岖，尤其是想以专业立足于市场化的浪潮，就必须时刻保持对市场的敏感性，对客户需求的充分把握和及时响应。选择管理咨询，不仅仅是选择了一种职业，更是选择了一种步履不停的生活方式。

2023 年 7 月 12 日深夜，在深圳机场下飞机前往酒店的路上，我不禁感慨：步履不停，不全是一路风景一路歌，也有偶尔的咬牙坚持——

此刻脚严重发炎，已肿得穿不进鞋，走路也很困难，依然不能停歇。前一天晚上飞到重庆，今天一整天在重庆就客户公司股权激励方案与激励候选人进行沟通，这次会议是小范围，我穿着临时买的凉鞋尚可。但是明天是公司与深圳一家上市企业联合举办的线下+线上、关于数字化主题的论坛，需要上台演讲，然后主持一场对话，怎么把脚塞进皮鞋里是一件困难的事情。晚上下飞机，走路异常艰难，因为在飞机上休息了一下，伤口已有所愈合，站起来一走路，拉扯到伤口，格外不舒服。

到酒店后，涂抹完药水，无法正常行走，只能坐在带轮子的椅子上滑动。不由得想起——2002 年，在一家交通设计院交流改制事宜，那时我正受腰椎间盘病痛困扰，腰疼到直不起身；2004 年，在石家庄一家企业作报告，腰疼加重，站不起来，连续三小时报告，中间休息也不能起身。

很多朋友觉得我身体好，实际上，身体好时，步履匆匆，不停；身体不好时，步履蹒跚，依然不停。

步履不停，既有走遍大好河山的豪迈，也有各种极限挑战。2005 年频繁各地作报告，前一天在成都讲课，当晚乘 30 几个座位的小飞机经停呼和浩特，6 个小时飞到哈尔滨，第二天上午在哈尔滨讲课。也有前一天下午在北京讲课，当晚飞行 4 个小时、遇到飞机延误，凌晨 4:00 抵达乌鲁木齐，第二天上午在乌鲁木齐讲课。

步履不停，有说走就走的行程安排，2014 年初的一个周五下午，客户企业收购交易，在临门一脚（股东会决议时）遭遇困境，甚至可能导致前功尽弃。下午，和客户通完电话，我买了最近一班航班，随即赶去机场，飞往厦门。

步履不停，也有想走很难走、却不得不克服各种困难的不停歇。2021 年年底，我到北京参加住建部的一个课题定稿讨论会，因疫情管控，被酒店拒绝入住，导致在北京冬天的深夜无处安身。2022 年 6 月，上海疫情解封后，我带着行李连续在外"流浪"了 60 天，60 天里，走了 23 个城市。

步履不停，不全是冲着希望而去，也有承受不可知压力不得不去。2002 年 7 月，到福州出差，此前公司被工商、公安联合执法检查到抽逃注册金，随时面临被公安传唤。从福州飞抵浦东机场，飞机落地，我立即打电话了解，"公安的传票有没有到"。2004 年宁波一家服务中的客户，给公司发来公函投诉。我当天上午在深圳出差，原计划当晚飞上海的行程改为立即动身去宁波，当天已没有飞宁波的航班，只能先飞杭州再乘车去宁波。深夜在杭州下飞机后，没有合适的交通方式去宁波，只能登上一辆破破烂烂的黑车。夜色浓厚，坐在一辆感觉随时都会散架的黑车上，我心里非常紧张。

不时觉得疲惫，却也常常应约而至。我知道，像这样步履不停地奔波在路上，我不是孤单的一个人。很多企业管理者都在持续求索，持续升华自身的管理思想，持续调整企业发展与外部环境的动态适应性，持续探寻提升企业的管理创新。有一群这样的同行者，始终在这条悲情之路上姿态昂扬地挥洒激情。

追赶着时代，拥抱变化。步履不停，也是思考不停。

（三）寒冬已至，路在何方？

"在每个明显过渡的年代，人们都在无声而被动实践着一套正在过时的习惯和感情模式。与此同时，一整套新的习惯正在形成。在这个漫长的时期，夹杂着衰亡者的悲惨和新生命的朝气。"这是数学家、哲学家怀特海在《观念的冒险》里写下的一段话。

而当下，我们正处于这样的过渡时代。企业所面临的形势更为复杂，而未来的情况也更加充满着不确定。原有的运作轨迹、发展逻辑已经改变，多少年来，无论是个人，还是企业，我们都已经习惯了成长、发展，并把这些当成了空气，认为稀松平常。如今，成长、发展都显得弥足珍贵。

2023 年，疫情放开后，预想中的复苏并未到来。受房地产、政府平台债务困境影响，制造业发展下滑，投融资明显走弱，直接传导到了就业和消费端。就天强所聚焦的工程勘察设计行业而言，企业发展普遍面临传统业务增量不足、项目周期拉长、应收账款急剧增加、市场开拓难度加大。

不幸者，在波澜壮阔的大潮里被残酷吞噬；幸存者，在风急浪高、新旧更迭中躺平、挣扎、追寻、绽放。有民营企业高层直接向我抛出了"企业是否还有必要走下去"的灵魂拷问，有国有企业现金流紧张借贷发薪，但在谈及企业在数字化新业务的布局时，依然信心满满……当然其中不乏发展很好的企业，但更多的是苦恼、担忧的现实底色。

天强也不例外。我们受到经济大环境的整体影响，面临客户更高价值、更多资源、更高效率的需求变化，探索业务服务、组织效能等方面的进一步突围，如何发展？有何策略？找到答案的过程本身很难，但是更为艰巨的是环境带来的心态变化——我们不得不面对在各种规则限制、撕裂下的意义缺失。

最近在多个场合，被朋友问到为什么还那么拼命工作？公司个别同事也会关心我的热情源泉来自哪里？也有朋友给我指明了一条康庄小道：公司缩减，自己讲课、担任若干家企业的管理顾问，这样日子过得很滋润。

表面看来，明知身处寒冬，而且迷雾重重，依然投入工作，似乎是不理性的。但细细想来，作为一个创业者，一个企业管理者，面临各种各样的矛盾和问题，这本就是常态，是这个角色的内涵。创业者的路，成就感虽有，但是幸福感不多，或者偶尔有，那也是瞬间的，更多的是责任、使命，又或是某种自认为的价值，并为此奋力向前。

这样的付出有意义吗？一方面，是否有意义，实际上是看方向，看个人追求。另一方面，从结果来看，这种意义的衡量标准，不仅是企业的发展成绩，体现在财务数据、人员数据等，还有很重要的一点——对变化的适应。风起云涌，一浪又一浪，好的公司一定能穿越周期。

除了企业能够持续，更重要的是，它提供的是有价值的服务，对社会是有价值的，对员工是有价值的，对利益相关者，它是无害的。我想，这就是企业存在的意义。尤其是对于像我们这样的专业服务机构而言，一定程度上讲，是通过帮助别人成功来体现自身的价值感。

经过一段时间的审视、酝酿、讨论，天强明确了新的五年计划：面向2029，我们的愿景升级为"值得信赖的生态型专业服务机构"，在"两型两化（创新型、服务型、数智化、生态化）"的思路指导下，持续推进自身的创新发展。这是公司在求生存、求发展道路上全面且重要的一步，也是一个25年的企业迈出新步伐的开端。

一切过往，皆为序章。也许，天强的故事、我的故事，也是很多企业的故事，管理者的故事。正是因为同行的你们，才有了25岁的天强；也正是我们共同的相信，我们还有更多的机会，为未来，另起一行。

从2023年春天开始谋划这本书起，就一直得到各方面的积极鼓励与支持。书稿写作过程并不顺利。天强25年的历程于我本人而言是熟悉的，如何放到时代大背景下去再审视很多事情，就并不简单了。书稿框架经历了几次的确立、推倒重来，文章内容也是几易其稿。感谢朋友们和公司同事们在此过程中的鼓励与支持。

感谢中信改革发展研究基金会数字建造研究中心执行主任 / 中国武汉工程设计产业联盟秘书长金志宏先生、林同棪国际工程咨询（中国）有限公司总裁杨进先生、江苏省勘察设计行业协会常务副理事长兼秘书长刘宇红女士、上海杨浦科技创新（集团）有限公司董事长郑岳肖先生、苏交科集团股份有限公司总裁朱晓宁先生、上海明月眼镜有限公司董事长谢公晚先生、会稽山绍兴酒股份有限公司总经理杨刚先生在本书撰写过程中的大力支持，他们站在不同的视角，回忆与天强结缘的故事、回忆与我打交道的一些趣事。通过他们的文字，可以充分体会到他们对我的长期信任与持续鼓励。

还要感谢公司一批同事的协助，感谢李渊、杨帆、赵月松、李涛、季明勇、陈淑英等同事积极撰文回忆在不同阶段、不同事件上的经历与感悟。他们对天强怀有深厚的感情，对我的工作全力支持，我再次在他们的文字中被这种携手前行的笃定所感动。

更要感谢我的同事张静，她承担了本书大量资料的收集、整编工作，近一年的时间里，她基本上每周都会给我列一个沟通讨论清单，了解公司发展过程中的很多细节，以及我的心路历程。更重要的是，她会不断向我提出一系列的"灵魂之问"，诸如"为什么要离开体制创办企业"、"为什么创办管理咨询公司"、"创业过程中有过后悔时刻吗"等等。正是因为这些"灵魂之问",促使我回忆、促使我思考、促使我再审视。此书得以问世,张静的付出与专业,不可或缺。

2024 年 1 月

祝波善

第一章

老师下海

中国拿到了加入 WTO 的入场券，包括房地产、互联网、快递物流在内的一批新兴产业蓬勃涌现，『经济不仅要关注市长，还要关注市场』喧嚣一时，世纪之交的热情和悸动让那个闪光的年代成为创业的黄金期。

01　在交大的日子

1988 年，我进入上海交通大学就读。那时候的大学校园里，充满着理想主义的氛围。哲学讨论、朦胧诗是那个时代大学生前卫的标配；关心改革走向、关心社会发展、关心国际形势，也是那个时期大学生活的重要内容。

我就读的是技术经济专业。技术经济的名称从国外 engineering economics 专业名称翻译过来，这是学校新开设的工科专业，放在社会科学及工程系，源于当时社会经济快速发展的需求，主要开展工程的可行性研究，以及如何实现技术资源的最优配置和可持续发展。作为一门跨工程、经济、管理等多领域的交叉融合学科，技术经济专业课程设置比较庞杂，既包含了电力工程、机械工程等工科专业课程，也包含了西方经济学、生产力经济学、运输经济学、工程造价、财务会计、企业管理等一系列经济、管理类课程。

我从江苏一所县城中学考进交大，一进大学，发现自己除了具备高考的能力，其他方面知识极其匮乏。于是，在大学期间，我课外主要精力是泡在学校图书馆里，恶补各种知识，尤其是社会学、哲学、经济学等方面的书籍。我当时对于交大图书的分类编号已经非常熟悉，可以随便报出一本书的图书分类。

大学四年级，我面试直升研究生，按照要求要先在交大工作两年。本科毕业后，我便留校任职辅导员。工作期间，还承担了大量的授课任务。本着"授课是很好的学习途径"的目的，我一开始给夜大、大专和交大合作班的学生讲课，后来渐渐开始为全日制学生上课。因为成熟的课已经有老师在讲授了，我基本上都是上那些没开过的课，甚至是我没有学过的课程。印象比较深的是，我没有学过生产管理，完全靠自学，成为首个在成人大专班讲授生产管理课的老师。有一年，系里决定在大四下学期加设一门资产评估方面的课程，这在当时是全新的领域，社会上的会计师事务所及相关工程咨询机构开始起步这块业务，这个领域还没有任何的理论书籍，我通过不断走访相关的服务机构、查阅各种零散的资料，然后第一个为大四学生开设了这门课。

刚刚毕业任教，我属于那种比较积极的类型，好像永远有激情，永远有力气，对于任何可以学习的机会都会积极争取。初参加工作时，得知系里一位经济学教授在开展国家与国有企业关系方面的专题研究，计划编撰一本专著。我就毛遂自荐，帮助收集研究资料。这位老教授德高望重，当时参与这本书研究撰写的还有上海其他几个高校的一些经济学方面的教授。我如饥似渴地投入到这个课题的学习、研究之中，初期主要负责国外主要国家对于国有企业管理方面的资料收集。

著作最初定位是研究我国的国家与国有企业关系，国外的相关情况作为研究的支撑，但撰写过程并不顺利，计划的时间一拖再拖。一段时间下来，老教授看我比他想象中更为投入——既热心又有责任心，就逐渐把一些别人没有持续下去的工作转交给我，并且把著作的框架进行了改动，分为上、下两篇，我负责整个下篇的撰写。我从开始的收集资料，到慢慢着手研究意大利、英国、东欧、前苏联的国有企业、国有经济发展。最后，20万字的书稿，我一个人完成了二分之一的撰写。当时的文稿全靠手写，改稿就是重新誊写一遍，我承担的那部分稿子，前前后后总共改写了7遍。1995年8月，这本书由同济大学出版社出版，我担任了该书的副主编。

在这本书撰写过程中，我和系里这位经济学教授建立了深厚的感情，经他引荐，我被破格吸收为上海市经济学会会员，并且参与筹备了经济学会所有制结构研究专委会，担任专委会秘书长一职。

那两年，我在完成辅导员本职工作后，承担的专业授课任务是系里对专业老师要求工作量的2倍左右。除此之外，我还不时坐在教室里旁听其他老师的课程，以经济专业为主。晚上回到宿舍，我查找资料、撰写文稿，日子在忙碌中过得飞快，我像海绵一样，沉浸在各种各样的"学习"中。

到了寒暑假，基本上是我最繁忙的时段。平时工作，时间比较零碎，我把需要静下心开展的工作会集中在寒暑假完成，因此每个假期我都会给自己设定文章撰写的目标。1993年的寒暑假主要是完成了前面提到的国有企业书稿。1994年年初的寒假，我一个人躲在宿舍里，储备了60包方便面、20包榨菜，完成专业教研室安排的一本教材的相关章节撰写。20天时间，我基本上没有出过房间门。

1994年秋天，我结束了两年的辅导员工作，成为了交大的全日制研究生，继续就读技术经济专业。一边读书，一边给学生授课，由于本科毕业后就在老师的指导下不断撰写论文，我的研究生课程读得相对轻松，课业之余，便把更多精力投入在相关老师带领下的论文撰写、课题研究中。

那时候的我，努力做到：只要有机会就争取，只要答应的事情就竭尽全力做好。记忆比较深刻的是，当时系里一位老师指导我写了一篇论文，关于东中西部平衡发展的研究，让我比较早地学习、研究区域平衡发展的相关理论。这篇文章后来发表在一本核心期刊上，产生了比较大的影响力。

还有一次，我参加导师负责的一个课题——这是国务院研究中心的一个课题——研究论证上海钢铁行业与宝钢的重组方案。这应该是与我后期从事管理咨询工作内容最为接近的课题研究了。

因为对无形资产评估接触得比较早，也发表了一两篇论文，出于进一步研究的考虑，研究生二年级，我到一家无形资产评估事务所实习。这家资产评估事务所由工人日报社开办，是国内最早创立的两家专业无形资产评估事务所之一。

实习半年后，我被提拔为事务所副所长，是所里最年轻的员工，一年后以实习生身份被委任为主持工作的常务副所长，所长空缺。工作期间，我接触到了很多企业，也替多家单位做过无形资产评估。记忆比较深刻的是永生钢笔与英雄钢笔兼并的可行性评估工作，当时上海市相关部门要对永生钢笔与英雄钢笔进行重组，基本思路是让英雄兼并永生、灭掉永生这个品牌，我们接受委托，就不同重组方式带来的无形资产价值变化进行评估论证。

在无形资产评估事务所实习期间，我对刚起步的对外经济工作产生了比较浓厚的兴趣，当时外经工作与外资、外贸一起归市外经贸委管理。我与市外经贸委外经处保持密切的联系与沟通，并主动承担各种课题的研究工作。后来在市外经贸委的推动下，上海市外经工作咨询委员会成立，我担任委员会的秘书长。做了秘书长之后，在一年左右的时间内，我开展了密集的研究工作，主要是对各国的投资环境进行研究，并在一定范围内分享。印象比较深刻的是，当时对于缅甸、越南等东南亚国家的投资环境、投资政策等进行了比较深入的研究，并形成了多项专题研究成果，还协助几家单位开展到海外布局设厂的相关前期工作。由于外经贸委人事变动等各种原因，后来这个委员会工作并没有很好地持续下去。

上世纪 90 年代中期，社会进入快速且深刻的变革期。1993 年，公司法出台，紧跟着 1994 年下岗潮来袭，纺织行业尤为突出。当时很多优秀的企业家，面临的最大问题是如何扭亏为盈。那时候很多官方宣传的优秀企业家都与扭亏为盈有关。

我感受到一种强烈的反差——书本上所学的知识和企业实际面临的问题差异很大。时代如同一场特殊的飓风，掀起的风浪破坏了原有的风平浪静，改变了船只航行的风向。已有的认知和发展道路面临挑战，新的航线虽未清晰，但正孕育着新的机遇。在这样的背景下，企业到底需要什么？这个问题开始不时浮现在我的脑海。

02 最年轻的科室主任

现在一谈资产评估，大家更多会把它和会计、财务联系起来。事实上，资产评估按资产存在形态分为有形资产和无形资产，其中无形资产评估所涉及的专业面非常广泛，并且评估过程中很重要的一部分内容和经济、管理关系更为密切。这样的工作内容和我所学的专业很对口，再加上领导认可，自己也感兴趣，我在无形资产评估事务所的实习工作持续了近两年。

也正是这近两年的实践，我近距离了解到：理论上资产评估是第三方机构，服务产权交易和企业改革，给出科学结论；但实际运行中，作为一个新兴的行业，这样的机构很快就沦为了甲方的工具——甲方给定价格，事务所借助知识、工具往价格上靠拢，其专业性大打折扣。随着机构逐步增多，竞争越来越激烈，市场资源成为事务所发展核心，而且中介费比例越来越高，能否靠关系拿到项目成为事务所发展的关键。这让我感到有些失望，我对毕业后继续在无形资产评估事务所工作的念头发生了动摇，也对资产评估行业的前景产生了疑问。

我的硕士导师希望我留校任教，他认为我具备走学术路线的条件，并且只要我留下来，凭借我已经完成的学术成果，应该会有比较好的发展。但我的心里没有成为一名学者的规划，之前热衷跟导师做研究时的想法比较纯粹——有时间、有精力，想要探索了解自己未知的领域，没想过这样做的目的性。

当时还被推荐到上海市委研究室工作，我去谈了一次，就主动放弃了机会。后来还从其他渠道听说，和我谈话的领导很是不解，"他们想要的人，还没有主动放弃的。"我主动放弃的原因是觉得市委研究室约束太多，可能也和我做了一年多资产评估事务所负责人导致的心态变化有关吧。

再后来，上海市科学学研究所的所长通过交大老师联系到我，希望我到科学学所去工作，彼时我刚从资产评估事务所离开，一番了解后觉得科学学所挺好，有一定的自由度，同时可以潜心去研究一些命题，于是决定毕业后到科学学所工作。

改革开放之初，国家引进了一些国外先进的理念，并应用到我国科技社会发展的方方面面，上海市科学学研究所就是国家第一批"引进"的单位之一。科学学所隶属上海市科委，专门研究科技政策，在整个软科学行业里占据非常高的地位，涌现出了一大批名人。

1997年4月，我在科学学所正式入职。5月份，所里开展干部竞聘，我成为3个研究室中最年轻的一任主任。印象中，我成为研究室主任，还是小有"轰动"的：入职时间最短、职称最低，却能够在研究员扎堆的研究机构里变成一个小领导。我也没想那么多，总有一种有热情、肯投入、舍我其谁的劲头。

新官上任，我感觉到了压力，一方面，室里的几个研究员年纪都比我大不少；另一方面，我没有职称，在交大的助教职称在研究所里用不到。那时候研究机构中的一批老资历的研究人员自我优越感很强，承接一些政府课题、在主流报纸上发表下观点，很有"指点江山"的味道。

我对市场态势下的企业发展感兴趣，在完成纵向课题（政府委托）任务的同时，也积极承接横向课题（企业委托）。在所领导的支持下，我承接的一些企业研究课题很快有了起色，这样研究室人员的奖金也有了改观。渐渐地，大家也就比较支持我的工作了。

科学学所会研究很多前沿的科技政策，主要负责政府的各类课题，我的第一个课题是上海妇女科技工作者的规划。与其他研究者做案头研究撰写文章的方式不同，我依靠在无形资产评估事务所调研企业的经验，实地走访了上海很多科技系统工作的女性带头人，对"妇女科技工作者"的认知不再停留在代表这一群体的一些数字上，而是深入了解了数字背后女性工作者的理想追求和真实困境。这个课题之后，同事们开玩笑说我是主要做妇女工作的，并且做得很到位。

在科学学所工作了一段时间，我在所长的支持下，准备再筹备一个无形资产评估事务所，希望走研究能力支撑的专业道路。先是收购一家事务所拿到了相关资质，再通过自己原来积累的关系和人脉组建了工作团队，事务所运作慢慢走上正轨，我一边担任研究室主任，一边负责评估事务所的运作，觉得很满足。

好景不长，六个月后，事务所收到了当时资产评估行业的主管部门——上海市国资办的通知，告知我们已收购的资产评估事务所因前几年连续业绩不达标而被吊销资质。那意味着几十万的收购费用打了水漂，获取的资质也成了一纸空文，刚刚启程的无形资产评估事务所失去了立足之本。经过多番商议，事务所人员被合并到科委系统的另一家资产评估事务所，我兼任副所长。

03　知识经济

1997 年 2 月，93 岁的邓小平同志走到了生命的终点，人们纷纷走上天安门广场，久久伫立长安街为他送别。20 世纪后期的中国历史深深打上了他的印记。

同月，在华盛顿的总统早餐会上，时任美国总统克林顿在演讲中提到"人类社会将进入知识经济时代（knowledge economy）"。这是一个影响世界大局的重要观点。人类社会从农业经济时代走向工业经济时代，接下来将迈入知识经济时代，在知识经济时代，知识的生产、传播、应用将是重要的生产力。

就在美国宣布要抓住知识经济的机遇，采取新的经济战略，加大教育投入之后的几个月里，一场金融风暴席卷亚洲，波及中国的产业经济和民众心态，国内企业深陷经营困难和下岗风波。当时，路过很多工厂门口，都可以看到工厂大门被一批下岗职工围堵的现象，国企经营困难、职工下岗潮，成为那个时代的印记。"4050"成为时下耳熟能详的词汇，女性职工达到 40 岁、男性职工达到 50 岁，就下岗回家。在这样的背景下，"知识经济"的论述无法进入大众视野，仅在小范围内引起关注。

1998 年初，我所任职的科学学所所长作为第一次当选的市政协委员，要在政协会议期间提交一个提案，简单商讨方向后，他把这个任务交给了我。几次沟通下来，提案确定聚焦"知识经济"主题。政协会议已经召开，距离提案截止时间仅有五天。

一番查找后，我发现与"知识经济"相关的资料少之又少，所长列了六七个专家的名单，有复旦的、华师大的、财大的、社科院的等等。白天，我去挨个拜访专家，请教关于知识经济的内容；晚上，写好初稿后我跟所长汇报进展、沟通修改文稿，终于赶在第五天顺利提交了提案，其中一个很重要的结论是：上海应该关注整个大的潮流和变化，要深入研究知识经济背景下上海的应对之策。

意外地，这次提案被作为重要提案采纳，引起了时任上海市市长徐匡迪的高度重视、并作了批示。市里很快成立了一个由徐匡迪市长任领导小组组长、市发改委主任、科委主任作为课题组联合组长的课题组，囊括了当时上海各高校、政府研究机构的大批专家、教授。科学学所所长是课题组的重要成员。我不在课题小组的正式名单里，但所长开会时都会带上我，所以我对课题的相关情况有比较清楚的了解。

我觉得"知识经济"这个主题还挺有意思的。那时，我主要精力用在所里的课题研究上，无形资产评估事务所在合并之后已经很少需要我花时间了，研究所不需要坐班，我经常一个人在办公室梳理关于知识经济的英文材料，比如知识经济在各个领域的应用前景、将会产生哪些影响等。

研究所办公室离交大比较近，我还请了几位关系不错的研究生一起翻译整理资料，原先计划成立无形资产评估事务所的空办公室一度热闹起来。

连续 16 周，我每周提交一份专题材料给所长。虽然没人要求，但我对此有兴趣，而且觉得自己年纪也轻就当学习了。

那一年六月，课题小组成立四个月后，徐匡迪市长主持召开会议，开会要报材料，问了一圈问到所长这里，所长说他手头有一些材料，于是这些材料就被报上去了。

会议在西郊宾馆召开，我第一次进这么"神圣"的地方，进去之后便在后排无人的角落里坐下。徐市长翻到这个材料，觉得做得好，问材料是谁做的？身边的人一层层问下来，最后了解到是我做的。问清楚"祝波善"是哪三个字后，徐市长用铅笔在材料上面作了批示——"祝波善同志的工作非常扎实"。会议之后，我从"编外人员"的身份调整为整个课题组实际上的"组织者"，具体开展和组织研究工作，课题组的人讲我是"秘书长"。

这个课题后来又立了 5 个分课题、10 余个子课题，参加的专家越来越多，高峰时有超过 200 多位专家参与。

七月的上海，酷热难耐。一天晚上十点左右，所长打电话给我，他原本第二天要去上海社科院经济所做一场关于知识经济的报告，但是临时有别的安排，希望我代他去讲课。

一想到要对着社科院经济所的一帮老专家讲知识经济，28 岁的我有些惶恐，但也只能硬着头皮先把材料准备到位。我按照所长给的思路准备了一稿，但在翻看时，猛然意识到这稿内容行不通。现有材料所长的身份去讲合适，但我直接照搬，效果肯定很差。于是，我横下一条心准备熬个通宵，对讲稿的结构、细节逐个调整。

第二天一早，我第一次走进社科院作报告。开头非常紧张，讲着讲着逐渐平静下来，总体过程还算顺利，报告效果也很好。社科院会议室的空调很足，但一场报告下来，我的衬衫后边似乎已经湿透了。

1998 年夏天，降雨频繁、洪水滔天，电视画面里无数解放军战士用自己的身躯筑成了新的江堤，《为了谁》在多个场合广泛传唱。

在社科院崭露头角后，1998 年的下半年成了我工作后的"第一个"高光时刻，我被频繁邀请去各委办局作报告，接受电台、报纸采访。当时，《参考消息》采访若干人后出了一篇报道，新闻标题是《四位重磅级专家谈知识经济》，我与时任复旦大学校长杨福家在内的三位院士一起被称为专家。远在大洋彼岸的同学看到了这篇报道，与我联系说我成名人了。

除了上海本地的机构，我也受邀去外省讲课。有一次去镇江讲完课回来，我被告知"这种讲课是违规的"，在当时，这类《上海市形成知识经济新格局的战略研究》等课题，具有比较强的前瞻性，其成果受地方保护，不能分享给外省。

这件事给了我一个刺激。我理解，"知识经济的核心，是知识的生产、传播、使用，只有这个过程能很好地打通了，知识被不断复用了，才能形成所谓的知识经济"，而这样的"画地为牢"会阻碍知识的流通，这次研究一个课题，下次研究一个课题，虽然每次都在研究，但是知识成了"孤岛"，仅停留在研究层面，是很难形成知识经济的。

04　管理咨询也是生产力

20 世纪末期，随着对知识经济的深入研究，对国外经济发展的研究，以及在科学学所所承担政策课题的研究，我深刻体会到，国内经济与国外经济的差距很大，其中一个重要差距在企业，而企业的差距在创新。在美国，企业是创新的主体，给社会带来了活力；而国内的企业眼下正面临着艰难的蜕变。

新闻里，财政部新闻发言人在一次情况通报中公布：该部对100家重点国有企业1997—1998年的年度会计报表进行了抽查，结果81%的企业都存在资产不实和虚列利润的情况。个中缘由，想必所有人也都很清楚。

在上海，纺织业因为机器设备陈旧、巨额债务沉重、人员负担过重等带来的减员、停产问题不绝于耳。媒体不断报道各级政府在企业脱困方面的努力和举措，但实际效果似乎并不明显。

与此同时，有两个事情给我留下了深刻的印象。一个是煊赫一时的"中策现象"。香港中国策略投资公司在两年多的时间里，以建立由中策控股51%以上的合资企业的方式，增加在中国的股权投资，把国内不同行业和地区的百余家国有企业成批改造成35家中外合资公司。合资后，企业的机制得到了转换，活力明显增强，经济效益大幅度提高。

另一个是引起广泛关注的"休克鱼"疗法。海尔张瑞敏在兼并负债亿元的红星电器公司后，通过复制海尔的管理模式和文化来激活被兼并企业的资源和活力，使其能够更好地与海尔集团整合协同，以此促使兼并企业走出因制度与文化执行不好或市场开发力量弱等因素而发展乏力的困境。

"成立一家知识服务企业，一家能够帮助企业脱贫解困、提升效益的企业"，我第一次在心里萌发了这样的念头。考虑到我所从事的工作大都与软科学理论体系与实践应用的研究相关，而且自己很喜欢智囊的角色，我把知识服务企业的定位放在了管理咨询上。

当时，正值国外管理咨询公司大批进入国内市场，包括我们熟知的麦肯锡、波士顿、罗兰贝格等，同时，一批高校管理学院教授、体制内研究机构的研究人员瞄准企业的需求，相继以多种方式开展管理咨询业务，我国的管理咨询业正式起步，逐渐走入大众视野。

虽然有了创办管理咨询企业的想法，但我知道自己有太多的地方需要"补课"，想借着兼职、学习的机会弥补自身的不足。除了担任科学学所第三研究室主任、无形资产评估事务所副所长的职务之外，我经过考虑之后又找了三份兼职。

第一份兼职是上海综合开发研究院的职位，这是原上海市人民政府经济体制改革办公室领导退休后成立的一个民间研究机构。这家机构希望与我所在的科学学所能够紧密合作，我主动请缨，被安排担任综合开发研究院秘书长。此外，我觉得自己需要了解更多金融领域的知识，所以我又积极参与上海银行下属的一家咨询公司的相关工作。第三份兼职，我是在一家房地产公司工作。为了扭转经济的下行趋势和消费过冷的现状，政府开始对房地产"松闸"，1998年7月，国务院发布《关于进一步深化城镇住房制度改革加快住房建设的通知》，宣布从同年起停止住房实物分配，一律改为商品化，房地产企业刚刚起步。我一边兼职，一边想着能不能说服当时的老板投资创办咨询公司。

现在回想，1998年应该是我最疯狂的一年。那一年，我忙课题、忙讲课、忙兼职，除了正月初一休息了一天，好像没有享受过其他假期，基本每天都是晚上12点离开办公室。即便如此，心中仍旧流淌着炙热的情感，知识经济、管理咨询、企业发展，一切的因缘际会，让面前的道路越来越清晰。

在一篇题为《管理咨询也是生产力》的文章中，我这样写道：我们要走向商业社会，而商业社会的核心主体是企业。尽管企业在整个运行过程之中，可以从政府方面得到很多政策支撑，但是实际上我国企业的发展，尤其是民营企业，缺乏让其健康成长的土壤。

没有相关专业服务机构，企业的隐形运行成本将居高不下，必须靠自己去面对各种各样主营业务之外的命题。因此，我坚信管理咨询也是一种生产力，它可以降低企业的运营成本，就像物业管理公司为每家每户提供专业服务一样，成熟的管理咨询可以为企业的发展提供强有力的支撑。

05 寻找投资人

1999 年，我的研究工作还在继续，记得当时参与了另一个重要的课题，关于上海的城市创新能力提升，通过研究，列出了政府部门应该改进的若干条意见。有些条款我现在依然记得，当时也很有成就感，但由于各种原因真正能够落实的很少。

当时参加了很多政府的重大课题，每个课题开始时，调子都很高，也很激动，往往课题结束时，评价也不错，但多方面原因，课题中提到的内容在现实的土壤里很难落地。并且我在研究的过程中发现，部分课题的研究大都是立足于部门的利益——如何为本部门争取到更多的权力和资源，如何巧妙回避掉一些责任。由此，我渐渐对政府的重大课题研究的价值、意义产生疑惑，创办一家为企业服务的专业机构的想法愈发强烈。我一边工作，一边持续寻找创办企业的投资人。

事实上，在收购的无形资产评估事务所起步运作，收到资质被吊销的通知时，我沟通过一个投资人。当时，我想给事务所找个"靠山"，一方面，想让无形资产评估事务所继续运作下去，能够真正朝着研究型专业机构的方向迈进；另一方面，我已经构想了管理咨询公司的雏形，也想把这些新构想逐步实现。

通过朋友介绍，我第一个联系的投资人是一家政法系统的企业集团，由这家集团出面整合我们的无形资产评估事务所，协调取得资质，进而拓展管理咨询业务。多次沟通下来，公司的组建方案、运作模式谈得差不多的时候，由于政策要求该集团被撤了。1998年10月，中央办公厅印发《政法机关不再从事经商活动的实施方案》，该集团就属于这一类企业。所以后来，无形资产评估事务所的人员被合并到科委系统的另一家资产评估事务所。

我联系的第二家投资人是当时外贸系统一家明星企业的负责人。这位负责人对我成立管理咨询企业的方向比较认可，他本人在当时是明星企业家——办公室里挂着他和国家主要领导人的合影，被多家主流媒体在重要版面大篇幅报道，风头无两。沟通过几次之后，这位负责人因为牵扯到经济案件出事了。

一个不经意的机会，我认识了一家投资公司的老板，老板号称有军区背景。在那个年代，确实有一些公司有军队的背景。在他宽阔、明亮的办公室里，我聊自己对新公司的设想，他表示很感兴趣，并邀请我先到他们集团担任副总裁。当时，这家投资公司正计划以日资企业的名义去宁波拿一块地，我被安排参与该项工作。公司在国内雇了一位日本人，我陪着这位日本人几次到宁波与相关方面谈判，后来这个项目以非常好的条件谈下来了。这个日本人在中国生活了很多年，会讲中文，但不允许他讲中文，我们一直带着一个日语翻译。那个年代，用外资进行投资、拿到一些资源，在地方政府往往更受欢迎。

工作了几个月，我觉得为该投资公司做的很多事情，自己感觉很没意思，不来劲，却不得不参与其中。我念想着自己创设新公司的事情。有一段时间，上海开始查军车牌照，该投资公司的老板就暂停了自己的军车使用，后来从别处得知原来他们的牌照是假的，联想这家公司"玄乎其玄"的市场业务，我很快就停止了在这家公司的兼职工作。

一筹莫展之际，我收到信息，自己被上海咨询协会评为了"上海市首届青年咨询菁英"，无疑又多了些信心。上海市咨询协会那时候地位很高，现职副市长直接做会长，这个奖项是第一次评选，名额是10个人，竞争很激烈。这一年我29岁，奖项评选年龄限制在45岁以下，我记得除我之外，其他一起当选的都是40岁以上。当然，我之所以评选上，不是因为我有多优秀，主要是因为我参加了政府的重大课题。

后来我又找了几家投资人洽谈。几次沟通下来，创建咨询公司的方案已经不再以无形资产评估作为主要业务，设想中的公司业务主要包括三块：第一个是管理咨询，这个是一开始就决定要做的业务，想要通过管理咨询助力中国企业理性发展；第二个是资产管理，这与当时的时代背景有关，那会儿四大银行都在为了后面的股改剥离坏账做准备，国家财政拿出1万亿来把这些坏账债转股，我们也想做这类资产投资，帮助企业脱贫解困；第三个是风险投资管理，这类业务当时刚刚在国内兴起，觉得很有前景。

与投资人谈合作的过程中，什么样的情况都遇到过，有的人不理解管理咨询公司是干嘛的；有的人谈着谈着，我发现不靠谱，对方的企业是一个皮包公司；还有的人觉得创办这样的公司20万就够了，没必要注册资金要1000万……最后有进展的是一个朋友介绍了一位儒雅的老板，这位老板曾在某省的乐团担任过大提琴手，下海做房地产投资，并且开始布局城市燃气业务。我们沟通了几次，他由感兴趣到有意向投资，临门一脚的时候，"青年咨询菁英"在五四青年节举行了颁奖活动，该老板大概觉得我还可以，很快同意了投资。

7月14日是我生日，原本约好这一天签协议，但是投资人因为临时有事推迟了。那个时候我已经经历了很多次的失败，三番五次谈到最后了都不行，所以我对是否能够签约很在意，怕投资人过段时间会有新想法。我记得当天晚上内心很失落，以为又要重蹈覆辙。那天晚上，我在租住房子附近的小河边一个人默默发呆了很长时间。所幸两天后，我和该投资人如约正式签了成立公司的合作协议。

长时间的奔波忙碌终于有了结果，未来在我面前展现出一幅新图景。

06 创办天强

作为研究室的一把手，我将筹备公司的事向上级做了汇报，那时候这样的情况是允许的，所以研究室的工作我一直没停，包括之前讲的知识经济的课题也在延续，还有一些别的课题也在积极推进。虽然我在外面兼职了好几份工作，但我的课题数量当时在所里遥遥领先。

考虑成立公司时，投资人和我商量再拉一些朋友进来，规模做大一点、资源更多一些。他找了他的一个朋友入股。投资人刚布局的城市燃气公司运作不久，加之刚投资了天强，就考虑在浦东刚刚启用的江苏大厦租一层楼作为办公室。这一层的房间，投资人自己占四分之三，留四分之一给天强，很快就紧锣密鼓地推进装修。20世纪90年代，浦东是一块热土，很多省份积极参与浦东开发，建了很多的省部楼，江苏大厦是江苏省财政厅投资的物业。大厦的上部分为紫金山大酒店，下面是写字楼。我是江苏人，觉得能在江苏大厦办公，还是很满意的。再加之酒店和写字楼公用的大堂非常气派，感觉也很好。

投资人找的一个有意向追加投资的朋友，是北京一个集团的老板，这位老板后来在国内影响力非常大。集团老板觉得我们在筹划的这个事情很好，包括公司的设想、方案等等，他决定加入一起干，希望把投资规模直接扩大到一亿，并且他觉得我们江苏大厦的办公室不行、档次不够，要到刚刚开业的上海金茂大厦办公。金茂大厦位于世纪大道 88 号、高 88 层，是当时中国的第一高楼，建成后轰动一时，被誉为"人工建造的最高最美的宝塔"。集团老板也有他的考虑，他的条件是，让他身边的美女秘书担任新公司的总经理。

1999 年 8 月，我委托朋友帮助办理工商执照，自己被科委安排参加上海市科技代表团去美国考察，那是我第一次也是唯一一次拿着因公护照出国。考察两星期回来后，我知道了这位集团老板的事情，和他还没见过面，也看过了金茂大厦的办公场所，心里觉得也不是太排斥。投资人的态度更明确些，集团老板是他的合作伙伴，他想和人家搞好关系，所以他很快就同意了。

我虽不排斥，但也有些纠结。本来觉得投资人找到了，创建公司这一步水到渠成。但现在出现了个大股东，一切已经偏离了最初的设想，现有格局下，不是我在创业，而是我在打工。

那段时间，我兼任上海综合开发研究院的秘书长，延安饭店的楼上有我一间办公室。1999 年 9 月 9 日晚上，是一个星期四，我一个人静静地坐在延安饭店的大花园里，月朗星稀，思绪翻飞，一直待到凌晨两点，努力理清了头绪：虽然我对促进企业的管理提升充满热情，但是这样的合作模式不是我想要的，可是如果这时候我提出退出，投资人那边没法给对方交代，我不想给投资人带来这样的麻烦。我决定先和那位集团老板的美女秘书见一面，了解下要合作搭档的情况。

9月12日，是一个星期天，我和美女秘书中午约好在淮海路聊新公司的事情。对于后面的合作她讲得很清楚，大概意思是，这些想法、这些事情都是我提出的，但是她的老板有钱，所以我的投资人也没办法，新公司成立后，她担任总经理，但新公司的运作和责任由我承担。这次见面后，更加确定了我内心的想法——这不是我想要的合作模式。

两天后，我和投资人一起去北京见这位集团老板。去的路上，我跟投资人表明了自己的态度，如果是现在这样的情况，我就不干了。投资人听完之后很仗义地表示，不行，我们就自己干。在北京和大老板谈完之后，他也基本摸清楚对方除了一亿的投资外，也没有其他的资源，最后决定不要这位集团老板的投资。投资人以名下燃气公司的名义，投资80%；剩下20%，先挂在我名下，等到团队建立起来，我和其他骨干再分。

那段时间，我在研究所的工作依然繁忙，工作之余，我不时去江苏大厦查看办公室的装修进展。9月底，崭新的办公室布置一一到位。在办公室装修完成时，我前面找的几个有意愿加入公司一起创业的朋友，由于各种原因都选择了退出。

公司申办营业执照的过程也非常复杂，一方面那时候注册公司程序确实复杂，另一方面，根据公司的业务定位，我们把公司的名称定为"投资管理公司"，投资管理公司属于工商登记的新类别，需要在"文汇报"上登报公告。各种周旋后，最后终于拿到了上海天强投资管理有限公司的营业执照，上面的日期是——1999年9月9日。

"天行健，君子以自强不息"，天强终于呱呱坠地。

非典型管理咨询公司的成长

李渊｜天强管理顾问　特聘顾问

我和祝总是大学同学，1988—1992 年，我们住在同一个寝室，一起就读于交大的技术经济学专业。大学毕业后，我回到成都，祝总留在上海，我们一直保持着联系。

2002 年 5 月，天强第一次接到四川的项目，祝总让我帮忙照顾一下，我参与了项目初期的访谈调研工作。此前，我在一家国企工作八年，经济、财务、技术等主要部门都干过一遍，2000 年我到亲戚投资创办的一家民营企业担任管理者。

初次试水管理咨询项目，虽然工作很基础，但是和客户交流下来感觉还挺好的，而且这个项目最终成效很不错，我感受到了为客户提供价值服务的成就感。2002 年 8 月，天强当时在做福建的一个项目，公司的骨干基本都扑上去了，我接到祝总邀请，以"顾问"的身份再次参与项目。9 月调研结束回到上海，紧跟着的国庆节我没回成都，祝总问我想不想长期试一试，我说也行。国庆节后，我正式办理了入职手续。

二十多年过去了，直到今天我对刚进天强时的印象都很深。公司在江苏大厦的 18 楼，两间房间打通，办公室不大，总共十几个人，工作氛围很好。每个人都在专注地做事情，那时候加班也很多，基本上从白天一醒来，到晚上睡觉之前，都是跟同事在一起，大家一起工作、一起吃饭，遇到棘手的项目一起讨论，工作内容上没有很强的边界感，有什么事情只要你开口，大家都会帮助你。那种感觉，跟我之前的工作经历很不一样，深深地留在了我的记忆中。

我是成都人，骨子里有一些追求安逸的成分，之前工作的国企是国内最早一批完成改制上市的企业，我在公司制、股份制等体制变革方面都有一些积累，所以会带有一些经验主义，初期服务客户时，有时不愿意完全放空自己。到了真正去给客户解决问题，应对市场化的要求、企业竞争的需求时，我发现自己的那些经验不成体系，如果不上升到一定框架，很难扩展。这就逼着我在内部讨论时，在与客户沟通时，要形成结构化总结，不断锤炼自己的思维能力。聚焦勘察设计行业后，客户的很多需求就更系统化，有的甚至是我自己完全陌生的领域，但你不能说就不去碰这一块，只能持续学习，不给自己设限，不断突破自己。我在天强工作过很多岗位，"除了祝总的位置没做过，其他岗位都干过"，后来我也习惯了，这种服务客户的务实风格就是天强的生存之道。

天强创立之初，纯外资管理咨询公司一马当先，国内风头最强的是三类咨询公司：第一类是学院派，拥有高校背景，而且有管理学教授背书；第二类是海归派，这类咨询公司的管理层在国外大的咨询公司干过很多年，公司带有国外大咨询公司的光环；第三类是魅力派，企业核心人物已经站在聚光灯下，收获了一批忠实的客户。相较于这些咨询公司的理论、方法、经验、名人效应，天强似乎没有突出的优势，也没法跟人家较量，只能以客户为中心，强调解决问题。我记得那个时候谈客户，我们一般的流程是：你有什么需求；针对你的需求和问题，我有哪些初步建议；如果客户觉得这些建议太初步了，那再争取些时间，研究后再次沟通。我们就是靠着这样直面问题、坚持探索的干劲儿和一次又一次的冲劲儿打动客户，然后在咨询方法、内部流程、外部资源上下功夫，帮助客户解决问题。

发展过程中，无论是刚开始聚焦改制专业，还是后来聚焦工程勘察设计行业，再到后面选择平台化战略发展，天强都是想要凭实力立足市场，靠着一点一滴积累、一步一个脚印一路成长。在此过程中也不是没有发生过犹疑，有几年公司发展比较快的时候，骨干人员也提出"这么好的市场，是不是不要自己限制自己，一定要在一个行业里深耕"，但经过反复的争论、试错，最终还是回到这样"非典型管理咨询公司"的发展道路上。

2021年，我因为身体不适开始不做咨询项目，以"内部顾问"的身份帮助公司做一些事情。慢慢成为"局外人"的这几年，我越来越能看清天强的发展选择，也越来越理解祝总的一些考虑。

我们是同窗好友，也是同行的伙伴。某种程度上，祝总对我的人生有很重要的影响，"他是我的贵人"。他的成长经历带给他坚毅的个性，在确定一条路以后不会轻易摇摆，这点对于公司掌舵者而言非常重要，有时候很多东西说起来也有道理，但是听不听、要不要改变，往往带来很大的差异。

同时，祝总看待事物有一种前瞻性，这种前瞻性是建立在朴素的逻辑——事物发展的内在规律上，比如不期望天上掉馅饼，不固步自封，始终保持自我突破等，这样一些朴素的价值观坚持运用在企业上，变成了一种战略眼光。在天强成立之初，他就提出企业的发展愿景"富有影响、广受尊重"，这既体现了希望一家知识服务型企业能够经受市场洗礼的心愿，也体现了一个知识分子的人生追求，更是一种价值取向。

此外，他有很强的概念化能力，能够迅速提炼出概念和关键点，对于管理咨询工作经常提出独到见解。

这么多年里，我们有很多共识的地方、相互支撑的经历，但也有过分歧，持有不同意见，我们会通过理性、包容，坚持一起做事情。天强选择聚焦勘察设计行业时，走过一批项目经理，因为深耕行业不符合他们的认知。后来公司向平台化转型，做很多活动论坛，甚至于近几年提出的数字化、产业研究院等，在刚开始时都会带来一些不同声音，尤其原来做咨询业务的骨干，多多少少都会有一些意见，并且在布局初期，矛盾会更大一些。大家会质疑"养这么多人，花这么多钱，做这些不挣钱的事"。

类似这样的情况很多，所有的企业变革都会遇到这些问题，天强的"非典型"选择也让自己成为一个变革的典型案例。我觉得这些人在天强很长时间，大家相互之间感情很深，建议祝总稍微妥协一些，可以阶段性地包容，但是祝总很坚定，他认为不能因为这些就否定天强应该走的路。

当下，大环境的变化、客户需求的提升都对天强的发展提出了挑战，但我对天强、对祝总都有很强的信心。一方面，天强已经有纳新求变、与时俱进、不断追求自我突破的文化基因。这样的风格能够支撑天强一直走下去。另一方面，经过 25 年的持续、专注耕耘，天强也已形成了自己的护城河。在大周期里，绝大部分行业都在经历一个涅槃重生的过程，天强从一开始就是赤膊上阵，挑战之下，天强会更好适应。即便都在低谷之时，天强也一定是最有韧性的那一批企业之一。

记得 2009 年，跟天强同一时间成立的一家企业已经取得了非常瞩目的发展，我们当时气馁，"你看人家发展到什么规模，天强也就这样"；若干年过去了，那家企业受到冲击，开始走下坡路，我们半开玩笑式的感慨"幸好我们没干那么大"。天强从一开始就没选择那种亮眼的、好挣钱的路线，而是一直在一个"小众"的领域里，踏踏实实地积累，困难、问题似乎随时都有，但也就是在这样的磨炼中，培养了一批天强人，锻炼了天强的个性，所以我想，天强一定能够凭借自身的独特性稳稳地走下去。

第二章

学习『游泳』

创业是一场持久的生死战，要有敢于冒险、永不言败的精神，穿越一次又一次的风暴；创业是一条『不归路』，你很难设定一个目标，在一个时间点『下车』；创业也是一个人的孤独旅程，那是一种处在喧嚣人群中的寂寞。如果讲理性，或许还是不要创业的好。

01 "最像老板的一段时光"

1999 年 10 月，共和国迎来了 50 周年华诞，国庆第一次开始放 7 天长假，接下来的时间里，每个月都有重要事件发生。10 月，美国《财富》杂志"全球经济论坛暨世界 500 强"会议在刚刚落成的浦东国际会议中心召开，比尔·盖茨第一次来中国，天强公司办公室边上的浦东世纪大道尚未完全建好，临时整修后迎接来华客人。11 月，中美双方就中方加入 WTO 达成协议，那是加入 WTO 的关键环节，消息传来，全国上下一片喝彩。12 月，澳门回归，电视上不断重播着交接仪式上的经典画面，到处洋溢着世纪之交的激情与热烈，刚刚成立的天强公司也浸染在这种澎湃的浪潮中。

9 月底公司完成了办公室的装修，一同完成的还有我请人为公司刚刚做好的网页——天强财智在线。那时候公司能有网站绝对是领先和前卫的。

10 月国庆长假后，天强公司正式在江苏大厦的办公场地开始运作。公司最初购买的一些固定资产，非常大手笔，除了买台式电脑，还一下子买了两台笔记本电脑，我记得两台联想笔记本电脑要 3 万多元，同时购买了一台价值 6 万多元的投影仪，这个投影仪的分辨率可能还不如现在千把块钱的效果，但在当时这是最好的产品了。那会儿，6886 的电话号码刚刚放号，我们拿到了 68868858、

68868878、68868898 等这样一系列的号码，这些号码一直沿用到今天。我新买的车子，在当时已经很好了，精心挑选的车牌号是XX0707，那感觉就是要干大事的。

江苏大厦 28 层以上是紫金山大酒店的客房，28 层以下是写字楼。紫金山大酒店是五星级酒店，刚刚启用，最初的房客应该也不多，所以服务的对象主要是写字楼上各企业的老总，为每家租户的老总提供免费自助早餐，服务非常周到，我每天很早到公司，去酒店吃好早餐，然后开启一天的工作。

成立前三个月，公司当时主要有三方面的考虑，第一个是满足投资人的需求。投资人有一些房地产项目，希望我们来做一些策划和设计，天强刚成立，也需要设计企业标识、信封、信纸等。我的表哥美术专业毕业，他当时和一个老板一起成立了一个设计公司，除了他俩外，还有三名员工。我计划把他们"收编"了，买下他们的设备，让我表哥离开，剩下的人到天强来工作。第二个是让公司活下去。当时我认识的人比较有限，主要是原来科技系统工作的一些老专家，我把这些老专家请到公司，商讨做一些技术转让、孵化的业务。第三个是赚点钱。我原来在无形资产评估事务所工作时有一个专家，他有注册评估师的证书，但天强没有机构从业资质，所以我就联系一家当时大牌的资产评估公司谈合作，希望借用这家公司的名义承接一些业务，解决一些收入问题。

因为和投资人在一层楼里，那时候我白天在办公室办公，晚上出去找一些朋友，初期很多工作也都是找朋友帮忙，这个过程中也在不断搜寻合适的工作人员。与一些老专家、老领导见面往往约在早晨。

我白天在办公室撑着场面，晚上见年轻的朋友、同学，早晨在老专家的家里请教事情、谈工作。那会儿，黄浦江过江要收费，从浦西到浦东单向收费，汽车过大桥、隧道15元一次，我一天多次往返浦东、浦西，大概要付四五趟费用。就这样，不知疲倦地思考着、奔走着、忙活着，希望像太阳一样，跃出地平线上，越来越亮，越来越暖。

我们谈公司成立的背景，必会与几件经济领域的大事情关联起来。《财富》杂志会议的召开以及中国拿到加入WTO的入场券，预示着中国在下个世纪的现代化进程将不以人的意志为转移，并且越来越深刻地、越来越迅速地融入全球经济一体化中，中国经济在新世纪的发展必将承受越来越多、越来越强劲的来自国际经济、金融、科技浪潮的冲击。

我们谈设想，公司要组建投资银行部、创业投资部、创意企划部、信息中心四个业务部门，从现代企业经营管理的四大风险构成（投资融资风险、技术风险、市场风险、基础管理风险）出发，从企业范畴、政府关系范畴、金融机构及投资关系范畴、传播媒体及公众关系范畴等几个方面展开，公司立足的基本点，同时也将是今后的主要经营特色——在信息资讯输出的同时，进行管理输出、投资输出。

我们谈发展，从超长期、长期、中期和短期四个层面来规划公司的发展战略，还提出公司的个性为"不专业无以生存、不创造无以发展、不竞争无以前进"……

总之，天强公司的成立是以新的理念、新的思维和新的运作模式来应对未来的挑战和机遇。有时聊到夜里两三点我才离开办公室，睡四五个小时，第二天又准时出现在某个老专家家里，整个人精神好得不得了，俨然从学界跨到了商界，一副商界精英的样子。

天强的各项业务尚在开拓之中，公司的品牌还处于建设过程。12月3日，我和投资人商量，以天强公司名义赞助、主办了"99江、浙、沪科技界、企业界、金融界科技经济促进交流会"。活动在上海锦江小礼堂举办，三地的科技专家、企业家、金融家济济一堂，还有主管部门的几位领导出席并发表讲话，与会者对这次活动予以高度评价。同时，公司的内部刊物《天强财智报道（试刊）》正式出刊，希望借此进一步提高天强的知名度。

12月20日，澳门回归当晚，我在办公室几乎晕倒，被同事送到了医院。在此之前我已经肚子疼了很多天，有时疼得厉害，我就一边工作，一边拿本书顶着疼的部位。那天晚上，我疼昏了过去，医生讲是阑尾炎，已经快穿孔了，直接去做手术。

在医院住了两天，第三天我到卫生间偷偷换上衣服回公司上班，面试了一些人，其中有一位同事，对于后来天强的发展发挥了很重要的作用。从医院提前跑出来上班这件事后来也带来了影响，出院后回到家中，一连十几天，我天天低烧，很是折磨。但那会儿在医院，我根本待不住，太牵挂公司的事情，总有一种舍我其谁的感觉。

1999年的最后一天，公司的10多位员工一起召开了一次座谈会，总结开业以来三个月的运作情况，对来年的业务和运作进行了布局。当时的内心是非常豪迈的。我依然记得我的发言题目是《处理好公司发展的十大关系》，罗列了如下的十大命题：民族性与公司使命、文化经营与管理、规范经营与创新、工作效率与效果、品牌战略与市场导向、分工与协作、管理者与被管理者、正式组织与非正式组织、直线管理与矩阵管理、公司生存与发展。如今想来，实在太虚、太飘了。PPT的最后一页上有两行字：居中、大一些的是"hello 2000"；上面的一行小一些"携起手来，共同迎接新世纪"。

那时候的心境，一方面是公司刚刚起步的豪迈，再有就是对于新世纪的无限憧憬。当晚 7 时，天强员工和投资人投资的其他两家公司员工一起，在上海虹桥地区的一个会所举行了千禧联欢，放烟花、搞抽奖，现场一片欢腾。

后来，我跟朋友分享这一段经历时说道，"那是我最像老板的一段时光"。29 岁拿到上千万的投资，公司刚迈上征途，当时的目标是天强用 1—3 年时间完成原始积累。我满怀坚定的信心、昂扬的斗志，盼望着、憧憬着新世纪曙光的到来。

02　千禧之年

千禧年的第一缕阳光如期而至，春天的脚步越来越近。2000 年 3 月，天强通过朋友介绍拿到了公司第一个管理咨询项目——上实交通收购上汽汽配总厂。

做过课题、做过报告，但管理咨询报告怎么写，我心里有些没底。团队里资格最老的是我从无形资产评估事务所带来的一个人，他比我大两三岁，积累了丰富的资产评估知识和经验，我让他担任项目的负责人。一番忙活汇报后，上实的老总说了一句"你就别耽误我们时间了"。

当时的咨询费用是几万块钱，我对客户说，钱没划过来，我们也不要了，但再给我们一个礼拜的时间，我们重新提交一份咨询报告。

那一个礼拜，我和当时一位年轻同事一起紧锣密鼓地做调研，恨不得一天当成两天用。白天走访相关汽车企业，拜访上海大众引进桑塔纳时的多位专家，了解兼并重组背后的企业诉求和合作要点；

晚上，回交大找老师、同学讨论思路，通过关系找到当时如日中天的一家管理咨询公司的项目经理，请教咨询报告的撰写方式。一般在外面忙到晚上 11 点，然后回公司做整理，写材料，到了后半夜，眯两三个小时，再继续第二天的工作。一周工作下来，我的同事说，"浑身上下只剩动眼珠的力气"。

咨询报告再次提交后，客户极为满意，并爽快地补签合同支付了全款。随后，上实交通又追加了几个咨询项目，还引荐了多家客户，甚至包括当时欲打入中国市场的国际知名汽车公司。天强的管理咨询之路终于起步，虽然艰难，但给了我很大的信心。

除了上实交通的几个项目外，天强为公司投资人旗下的几家企业搭建了局域网和网站，还积极谋划争取国家开发银行成立产业投资基金、上海银行化解不良资产等多家客户的服务方案设计，最终都没有成功。但通过这些工作，公司逐步建立了管理咨询工作的方法论体系。

项目之外，天强把工作重点放在面向社会、树立形象、开拓渠道、锻炼队伍上。提高知名度上，天强与上海咨询协会合作，协办"第二届青年咨询论坛"，与上海管理科学杂志、浦东高新技术市场，分别合作网上电子版杂志内容和二板（又称创业板）市场系列讲座，通过《华商世界》杂志、中央人民广播电台宣传公司"整合咨询"理念；开拓渠道上，公司先后与台湾亚太智财科技服务公司、上海社科院外国投资研究中心、上海立信资产评估有限公司等达成合作，特别聘请本市知名专家，建立公司顾问委员会，请他们为公司发展出谋献策。

从 1999 年十月公司开始运作起，已经过去了七个月，高涨的热情逐渐回归理性。方向规划好了，道路怎么走尚未完全清晰。

公司初期为了迅速起步平面设计业务，我"收编"了我表哥的设计公司。公司规模不大，我就把他们的设备买下来，他们几个人入职天强。运行了几个月之后，各种矛盾逐步显现。核心问题，那位设计公司负责人是学艺术的，非常随性，工作生活中的有些做法，我非常不认可。经过各种冲突、摩擦之后，2000年四月份，该负责人提出要离开，我了解到他私下找过公司投资人，想让投资人单独投资他们成立一家设计公司。投资人学音乐出身，理解艺术工作者自由随性的一面，也很认可他做的设计作品。他俩的"一拍即合"给了我巨大压力，一时也没想到好的解决之策。我找到其中一名"收编"人员，劝说了很长时间，希望他能留在天强，起码先稳住现有的设计业务，我再想办法招些人。费尽口舌，依然没有把对方说动，对方毅然决然要离开。

紧接着的五一假期，我一个人坐着绿皮火车去了黄山，带着当下的苦恼，也带着远方的迷雾。在黄山的美景之中，长久以来的紧张心情放松了不少。清风相伴，峰峦如海，天边一轮红日渐渐升起，片刻云雾悄然而去。"无论如何，公司接下来的工作开展，要进一步强化市场意识，积极开拓，努力寻找合作伙伴和长期客户，同时逐渐建立一支具有高水平、高素质的人员队伍"，我暗自思忖。

假期结束回到公司，担心的事情还是发生了，被我"收编"进来的设计负责人带着四个员工走了，其中一位是他原来带来的，还有两位是公司招聘进来的，甚至有一位是公司的财务人员。他们带走了公司的很多办公用品，还拿走了公司多台电脑里的内存条，公司为他们租的宿舍，也被故意损坏，公司面临着向房东赔偿等一系列问题。

那时候的我，是愤怒的、更是憋屈的，被巨大的无力感笼罩。

公司一位学计算机专业的同事把每个电脑里检查一遍，缺失的内容一点一点跟对方索要，有的后来要回来了，有的没有。当初我从他们手里购买的与设计有关的设备，因为没人使用失去了价值。

事实上，公司注册的 1000 万资金，在注册账户短暂停留后，有950 万被投资人要求划到他指定的账户，剩下的 50 万用作日常开销。这样的操作，在当时虽不被允许，但却是极为普遍存在的。

也是因此，在业务十分有限的情况下，这次损失的钱、物让我十分懊恼，而且他们走后，公司也不剩几个人了。我很受打击，有段时间基本上睡不着觉，眼睛一闭，脑子里全是公司的事情，怎么招人，怎么做业务，怎么规范内部管理等等。

回想几个月前商界精英的那种感觉，现实的冷水，让我痛悟：虽然下海了，但是我还不会游泳。

03　分歧

创办天强时，我体制内的工作办理的是停薪留职，但还是需要一些精力放在科学学所的工作上，比如沪台技术交流、有关大领导科技方面的讲话稿等。此外，就全情投入在天强的业务拓展上。

在内部，我们的信息中心已经在逐步开发数据库，员工可以通过内部局域网接收信息，通过邮件服务系统发送和接收电子邮件，"天强财智在线"主页展现上内容丰富、视觉新颖，上线 1 个多月后已有 1000 多人次通过网络访问公司的主页。在外部，我去谈过上海市科委的科普网方案，还去北京谈过华夏艺术网、"3721"搜索引擎的投资。当时，做得最多的项目是网页设计，南京路上的一家琴行是我们在此业务上的第一家客户。

世纪之初，管理咨询还是一个新名词，大众对这一行业的认知更多停留在"策划大师"、"点子大王"的营销角度上。1999年"麦肯锡兵败实达"事件发生后，虽然对管理咨询行业的形象产生了负面影响，但着实让管理咨询行业在社会大众面前大大提高了知名度，各方对于管理咨询是否有作用褒贬不一。

30岁的我看起来比较年轻，又在这么一个新兴行业，每次谈客户前都需要解释"我们是谁、我们不是谁，我们的工作是否有用处、用处体现在什么地方"等一系列问题。来天强的应聘者中，个别有工作经验的人在确认公司只做咨询业务后就走了，因为大家不相信纯做市场化咨询业务可以养活公司。

投资人当时有一些资源，也在积极为公司开拓业务。他联系的第一家客户是一家国有商业银行，我去拜见之后，了解到对接部门想以"人力资源开发与管理"的名义，组织一次海外培训，提升干部能力，与银行的各级领导建立关系。

过渡期的商业环境，有很多灰色地带。类似依靠和银行搞好关系，融资拿钱、拿地，并很快赚钱发财的案例比比皆是，甚至在某些群体中，这样的"逻辑"是"主流的商业操作"。"规划长跑的、规划短跑的，不如一阵'乱'跑的"。

国有商业银行的项目合作后来没有达成，但是也反映出投资人和我对于管理咨询理解上的差异，在投资人看来，管理咨询的角色更像是某种中介。

前面说过天强刚刚成立时，注册资金1000万，但950万马上就转出了。我们一边开拓市场、一边做些小项目，承接投资人旗下其他公司的项目，有些费用他很快打钱过来，有些则没有，我们也没有去要，公司运转缺钱了，我去找投资人申请，他再划转些钱到天强的账户。

2001 年 7 月，紫金山大酒店重新装修，江苏大厦的 24 层—28 层要全部改造为客房，我们的办公室在 24 层，需要搬离，大厦给予一定的补偿，并优先在其他楼层选择新的办公空间。投资人决定搬到虹桥开发区办公，他希望天强也搬过去。我心里有些犹疑。如果搬过去了，按照前期的运作，天强更像是投资人投的能源公司的一个部门，其发展走向离自己最初设想的"为中国市场经济体系的完善和迎接知识经济到来的知识服务企业"定位只会越来越远。如果不搬，接下来怎么办，公司还没练好水性，该如何在商业化浪潮中立足？

僵持中，我了解到投资人在 2001 年年初已经和一帮朋友又成立了一家和天强营业范围相同、名称相似的公司，他不认为管理咨询行业的大环境不好，是我没有把公司做好，觉得我"有知识、没文化"，并不了解真实的社会环境。天强现在做的事情跟他想的不一样，也不挣钱。他想按照现有的公司方案，找一些人另起炉灶。那家公司的存在，加剧了我和投资人之间的分歧。

不久，投资人带领他投资的最大企业全部搬到了虹桥开发区，天强不愿意搬走，经过沟通，投资人勉强同意我们继续留在原先的大楼，办公室从 24 层搬到 18 层，但那时候投资人已经对天强公司的运作失去信心和耐心，明确讲要"把公司关了"。

摆在我面前的有三个选择：一是回科学学所继续从事研究工作；二是做一家香港公司在上海的总代理，这是一个朋友介绍的机会；三是带领天强继续、独自走下去。我选择了第三条路。

我觉得公司前两年没做好的原因在自己，因为对投资人有依赖心理，所以很多事情是飘着的，没有落地。更为重要的是，通过这两年的企业运作实践、服务咨询项目，我加深了对管理咨询业的认识，更坚定了对管理咨询业的信心——这是真正的市场化产物。

管理咨询作为知识服务业，具备生产力的特性，也是生产力；管理咨询是对管理技术的开发和应用，是管理理论与管理实践的桥梁和纽带。大学教授提供的是管理理论，企业家拥有的是管理实践，在理论和实践之间，需要管理咨询来做连接，就好像三明治中间的那块肉；管理咨询业是系统化的专业服务，能够基于自身独立第三方的身份，利用专业的管理工具、管理方法解决企业运作中的思维和逻辑问题。

现有发展背景下，管理咨询业主要面临三个挑战：第一，管理咨询机构的服务理念和专业水平仍在摸索和提升中；第二，潜在市场变为现实市场面临重重阻碍；第三，原有体制造成的经济模式和行业分隔阻碍了管理咨询的市场化。这需要，管理咨询业创新理念、激发市场，包括加强行业宣传，提升机构的专业化和规模化，注重管理技术与咨询工作的不断开发。作为咨询业的一员，天强要在自身能力储备上，在资源整合、服务水平提升上，在专业化基础上、多元化发展上积极努力和实践。

想清楚自己的选择后，我找到一位中间人，间接跟投资人表明了自己的想法：投资人可以退出，但希望公司不要关。天强成立运行快两年，投资人以各种形式总共转进来约280万，目前公司账户上基本没钱，接下来公司不再要他一分钱，如果天强后面能做起来，我会把他前期投入的这笔钱还给他。如果后面天强做不起来，对于投资人而言，也没有额外损失。投资人同意了。

我决定不再保留体制内的工作关系，全身心投入。很快就辞掉了科学学所的工作，专心当起了天强的法人、总经理。

04 网开一面

2001 年下半年开始，我最重要的事情就是想办法赚钱。当时市场常见的推广方式是 DM 直邮，我那会已经比较"实在"了，除了自身积累的关系、资源外，电视上讲哪家企业的新闻，我们就会策划一封天强的自荐信寄到这家企业。比如，新闻中报道了当时正向产业链下游延伸的新希望集团，我们就给刘永行写了一份信，并且还得到了他们办公室的回音。这种方式非常简单，但还是起到一定作用，也有通过这种方式谈成合作，我记得，上海市嘉定区粮食局就是以此建立咨询合作的。

同时，我们也开展很多改制相关的活动。工作关系还在科学学所时，我因为工作的原因参加了一次科研院所的院所长联谊会、做了简单的分享，这样的契机成就了我们第一单与科研院所改制有关的项目。这家单位改制后一拆为二，参与市场竞争的部分划归到企业，公益性质的部分归到事业单位。

当时，各行各业改革的风声很大，很多企业都有改制的需求。我们虽然做了几个项目，也做过一些交流，但还是觉得自己在实际落地时不够专业，就想着组织一些研讨会，请做过体制改革的人来做些分享，我们多学习积淀，也想借此为公司制造些声势。因此，2001 年开始，天强组织召开了多场改制研讨会，有的活动还邀请了记者参与讨论。

那年年初，发生了一件震惊中外的惨案。5 月，上海反邪教协会宣告成立。我们跟上海科委谈的科普网项目没做成，法轮功组织在境外推出了互联网网站"明慧网"后，上海反邪教协会希望我们给他们设计一个反邪教网，这成了我们当时最大的项目，也是我们最初很重要的一块收入。网站设计上线后，我们每年提供维护服务，合作一直持续到 2006 年。

即便有项目在推进，但公司整体还是入不敷出。那段时间每到临近发工资的日子，我就开始发愁，为了不让员工看到我焦虑的样子，我到公司楼下的桂花树前踱步、抽烟、打电话，一点一点想办法，一个月一个月地熬着。无奈之下，我通过各种"忽悠"高息借了一家单位 200 万，之所以借 200 万，而不是 50 万、或者更少，那是因为我借的少了，人家反而不敢借。出借方由于业务合作关系，有一笔类似于押金之类的资金趴在账上，想打时间差赚一些利息。实际上我那时候只需要 50 万就足够了。

2002 年 6 月 22 日，我们在紫金山酒店对面的一幢大楼里组织召开改制研讨会，会议刚结束，我接到公司财务的电话，天强接到税务稽查通知。

屋漏偏逢连夜雨。2002 年 7 月 12 日，那是一个星期五，我们又接到通知，工商、公安联合大检查，查抽逃注册资本，按照抽逃额的 10% 罚款。我们注册资金 1000 万，先划走了 950 万，后来逐步又划进来几笔，加到一起，可以算作有 200 万资金到位，另外 800 万被当作抽逃注册资本金。这样一算，我们要被罚 80 万。通知还说两周内不缴费，直接拘留。

接连收到两个检查通知，前一个最多罚点钱，后一个搞不好要拘留，前行的路风雨飘摇。

这段时间，我还在读初中的外甥因为生病，在老家医院一直没有确诊，就来上海看病，住在我家里。我帮着找了多位医生，初诊是脑瘤，如果做手术有很多问题；换家医院检查说是血液里的毛病，治疗起来也不容乐观。医生的说法，我没告诉我姐，想再看看，每天想着说辞"应付"她。后来病情好转了，查来查去也没有定论，面临着公司的各种麻烦，我就让他们先回去，观察一段时间再做打算。

我一直在忙着想办法，苦于没有解决之道。7月14日，我生日当天，有朋友给我介绍了一个"神人"，我约他在酒店的咖啡馆喝茶，给他拿了几条中华烟，希望能帮忙疏通关系。聊完出来，发现他停在酒店外边的车子因违规停车被拖走了。并且事后得知我当时买到的是假烟。

找谁都不行，我只能一边正常工作，一边等着最后的结果。

有一天，一个福建的能源公司来电谈合作，他们看到了我们给其他公司做的信息系统，也想做了一个这样的系统，用来管理区域公司。那是我第一次飞去福州，而且我觉得这可能是最后一次出差了。这次洽谈持续了很长时间，先跟该公司的部门负责人沟通，又跟分管工作的副总沟通，当晚老板出差回到福州，也跟我见面聊了很久，时间从早晨持续到夜里11:00，包括信息系统、企业战略规划等很多细节都聊到了。

从福州飞回上海，刚一落地，我就找朋友问，公安抓人的名单里是否有我，朋友回我暂时还没有。

结合前面沟通的内容，我和同事给福州这家企业迅速出具了战略规划建议书，合作进入议价环节。几次还价，我给出底线报价，对方说要再考虑下，次日下班前给回复。我想在被拘留前把这次合作谈成。虽然那时候公司已经奄奄一息了，税务检查还没应付好，工商联合执法大检查又来了，但这次合作如果成了，不仅仅是有一笔钱，而且又增加一些"可能可以继续下去"的信心。

5:30，没回复，6:00，没有回复，我在办公室一直等到6:30，收到对方的回应"同意报价"。黄昏，天边晚霞热烈、美丽，我站在窗边静静地注视着，直到大片的橙色缩小、变暗，路灯忽地亮起来。再试一试，我对自己说。

这期间，工商、公安的专项检查始终如一把利剑悬在我的头上。福建的项目敲定后，就要再来面对这个问题了。经过了解，得知工商局下面有一个工商稽查大队，具体负责这次检查。我直接找到他们的工作地点，浦东外高桥办公室当时有5个工作人员。我如实讲我们注册资金不到位的原因以及我的困境。我和他们讲我最初的理想、创业的经历以及这一路以来发生的故事，他们都耐着性子听我讲完。办公室有一位女同志听着我的故事，眼眶湿润了。

此刻，我已经做好了被拘留的准备。第一，我不觉得自己是被冤枉的。抽逃注册资本虽然普遍存在，但不被允许，而且由于没经验，我也没做减资处理。当然当时之所以没有减资，还有一个重要原因——名称中有投资管理的，注册资本金不能低于1000万，如果要减资，就得更名；第二，我觉得民营企业家是很悲情的。从大学一路走来，我都很顺，也很清高，但是既然选择了创业，似乎没办法"既明其哲，以保其身"，我在心里已经接受了这样的现实。而且，我还没成家，也没有太大的心理压力。找上门来处理这个事情也是没办法的办法了。

戏剧化的是，几个办公人员一起商量后，决定对我"网开一面"，我带去的购物卡他们觉得我不容易，一张也没要。此后几年，还把天强列到了免检名单里。

天强又历一劫。

一路伴随　一起成长

杨帆｜天强财智顾问　总经理

2000年7月，我大学毕业，经过投简历、面试等流程，进入天强。公司那时候十几个人，在五星酒店的大楼办公，蛮气派的。我入职的部门是企划部，主要为客户提供企业形象策划、形象设计，包括网站设计等服务。

那会儿我见到祝总的机会不多，他一直很忙碌。记忆里，他如同所有年轻的创业者一样，工作很拼命，充满激情，我能够感受到他对事业的憧憬，不断地寻找企业发展的机会。偶尔，我去他办公室找他，看到他坐在窗边抽烟，有一种比较忧虑的神情。后来我知道，公司创业初期，一直处于亏损状态，并没有找到特别好的盈利模式和业务方向。每个月发工资的日子，是祝总很头疼的时候。

二十多年来，我自己经历了很多的成长。我的同学有的还在坚持原来的专业，与他们相比，我的工作内容、性质都发生了很大的变化。天强给了我发展的平台，也给了我不断尝试的机会。从我个人角度，我不愿意自己的职业受限在一个很小的范围内，对于自己没做过的事情持有很大的好奇心。

2005年，公司计划在成都迈出全国化布局的第一步，第一次就"派谁去成都"在内部征集意见。我当时在市场部担任副经理，很想去试一试。成立成都分公司，是从0到1的过程，招募团队、开拓业务，每一步都面临全新的开始。原来在上海，遇到事情我还可以问一下祝总，在外面，我不能什么事情都去问，必须要自己做决策，这对年轻的自己而言，是一件极具挑战的事。

也是从这件事情开始，我在工作中一点点打磨自己，统筹项目、管理团队、协调各种安排，每一次身份的转换，都是一个全新的改变，会带来不舒适，也会带来很明显的成长。有时项目很难推进，有时自己的想法和祝总、和团队之间有一些出入……诸如此类的时刻，我也会想着离职，想重新换个环境是不是会更好些，但可能自己说服了自己——回避问题，重新找份工作，看似解决了当前的矛盾，但是这个问题的瓶颈其实还在那里；面对问题，并且把这个问题解决掉，把这个障碍突破了，自己就可能螺旋式地再上一个台阶。

在此过程中，身边的同事，尤其是祝总对我产生了很重要的影响。工作最初几年，我跟祝总相处的时间比跟家人相处的时间还长，一起经历公司规模的逐步壮大、分公司的相继成立，祝总像一位老师，不断给我们教导。有一次，我陪祝总一起拜见客户，我把访谈纪要发给祝总后，他逐字逐句修改，让我看到那些不合适的地方，我非常感激。他也像一个兄长，经常给予我关怀和鼓励。我们一起出差，工作结束后，祝总说"我请你吃饭，今天是你生日"，其实我自己都忘记自己的生日了，特别地感动。他还像一个战友，我们共同面对天强发展过程中的一些困难，共同探索面向未来的不确定性，碰撞思路并不断试错，甚至争论，祝总对此非常开放、包容，会毫无保留地倾听、分享观点。

天强也经历了漫长的变革转型，其本质是一个企业持续寻找最优商业模式和发展的路径。从咨询方案设计到参与客户的转型实践，再到业务模式与产业发展的深度融合，每一步选择都是必然，是管理咨询公司以客户需求为核心应该做的事情；每一步也都是偶然，是祝总"醒得最早"，开始有意识地推动转型，也是他在艰巨的任务面前坚持不懈地推动，从未放弃。

我想这其中非常关键的因素是来自客户的信任。客户不仅给我们项目合作的机会，而且从伙伴、朋友的角度给我们很多的启示、建议，例如公司能够开展并购业务，也是苏交科从他们的角度认为天强具备这样的优势和条件可以尝试。这么多年，跟我们形成友谊的客户非常多，有一些领导已经退休了，有一些公司以其他方式与我们开展合作，这些点点滴滴的帮助令人难以忘怀。我觉得能够彼此相识，并收获友谊，对公司、对我都非常珍贵，是一种难得的缘分。

岁月如歌，有人提前退场，也有人离开又回来，值得庆幸的是，我和天强，一路伴随、一起成长。祝愿天强能持续创变，保持韧性，为勘察设计行业、为社会作出更多的贡献，祝福祝总能够事业有成，成为更加令人尊敬的企业家。

第三章

聚焦专业

为它在新政策上的激情和创新满怀期待过，为它充满荆棘、充满风险的改革之路喟叹过，为它面临的新问题、新困境焦虑无奈过，也为它所走的弯路以及深层次矛盾无法解决的现状备受煎熬过。

01 想到天强就想到改制，想到改制就想到天强

世纪之初，国内的管理咨询机构除了国际著名公司在中国成立分支机构外，本土咨询机构主要是一些具有高校背景的机构。这些机构有些是依托高校直接开办，有些是高校管理学院教授私下开办，还有些是打着有高校背景旗号，所以很多咨询公司名字里要么直接包含"北（大）清（华）复（旦）交（大）人（大）"，要么采用谐音。

市场经济的大海，波涛起伏。天强没有光鲜的外资或者高校背景，资源、能力较弱，人员规模有限，积累也很少，除了在办公室的时间，我经常在外奔波，洽谈可能的合作单位，接触对公司发展有益的人。有一次，和一家咨询公司负责人谈合作，谈到后边，对方直言不讳"我公司实际就一个人，我可以给你介绍项目，收益按照江湖规矩来"。当时的管理咨询市场并不规范，靠关系、靠介绍，做一些"添砖加瓦"的事情，然后给予提供市场的人利益分成。

依赖外部，虽然能在短期快速带来效益，但却开了一个不好的头，而且不利于公司的长期发展，我希望天强要走的路是真正的"市场化"——以专业赢得市场，以价值服务市场，依靠自身的力量，划出浅滩、驶入深蓝。

2001 年，管理咨询企业常见的聚焦有两类，一类是聚焦管理专

业，比如聚焦战略、聚焦组织或者聚焦人力资源等。另一类是聚焦在具体的生产管理范畴，比如有一些从宝钢出来的人给其他企业做管理咨询，更多是传递宝钢在生产管理方面的先进经验。经过再三思考，我把视线落在了改制工作上。

改制是一种社会需要。1997年，在亚洲金融危机的影响下，国有企业由于历史包袱和社会负担沉重等原因，面临前所未有的困难。党的十五大提出国有企业改革与脱困三年目标，即用三年左右的时间，通过改革、改组、改造和加强管理，使大多数国有大中型骨干企业初步建立现代企业制度。三年脱困，减人是关键。在当时社会主义市场经济还不发达、社会保障还不完善、对富余劳动力吸纳能力有限的情况下，经常能看到马路边的工厂门口，一群人在静坐示威。国企到底如何改革，怎么发展，有很大的现实意义。

改制业务牵涉的关系比较复杂，那时外资咨询机构基本上不涉足这一领域。它是中国社会经济的特有现象，牵扯到政策解读、关系协调等，本土咨询机构在这块更具竞争优势。而且国内当时在这一领域的专家，主要是企业改革中的一些相关推进人员，因为他们操作过，也挺专业的，社会上往往有很多人前去交流、借鉴。

在企业层面，天强开展的咨询项目中有立足于国企脱困角度的实践积累，比如第一个外部服务——上海实业交通电器有限公司收购上海汽车电器总厂项目。我此前在科委参与过科技型企业推进改革的横向课题，研究过科技型企业改革的政策、改革过程中的重难点问题以及改革的策略。在交大工作期间，我参与编撰过国家与国有企业关系的著作，此后也一直在关注、研究与所有制结构有关的命题，还参与发起上海市经济学会所有制结构研究专委会，并担任秘书长。那个时候，有一些观点也在讲，国企到底有没有未来？国企需要什么样的改革？

基于社会现实需要和天强的业务特色考虑，2001 年，天强决定以改制为专业方向。

一年以后，原国家经贸委等八部门联合《印发〈关于国有大中型企业主辅分离辅业改制分流安置富余人员的实施办法〉的通知》（国经贸企改［2002］859 号），要求做好国有企业主辅分离辅业改制分流安置富余人员工作。"859 号文件"对国企改革意义重大，"无论是从公平意义还是从操作角度上，都把这一改革提升了整整一个档次。"

因为在改制业务上的明确定位，天强顺势提出"想到天强就想到改制，想到改制就想到天强"，扩大品牌影响力。"想到天强就想到改制"，这点相对容易，为了做到这一条，公司决心除改制之外的项目不再承接，事实上，也有客户带着业务找上门来，并承诺了不错的咨询费用，我都婉拒了，因为什么都做的话就专注不起来。除非个人关系，公司不再主动争取改制之外的项目。

"想到改制就想到天强"，这是我们当时的追求和目标。全公司当时不超过 15 个咨询人员，公司对内部提出，不管过去是什么专业背景，现在是做什么工作，希望每个人都要在改制这个事情上找到自己的定位。人员分流、资产处置或者股权激励，所有人都要围绕改制来考虑，这样大家可以互相学习、共同提升，在专业上逐步积累。

对外部，公司开始组织各种各样的研讨会，那是了解市场需求的途径，也是我们学习和积累的重要途径。那时的研讨会和我们今天谈的研讨会不是一个概念。我们邀请到一些在上海国企集团里面操作过改制的人座谈分享他们的操作经验，再邀请其他人一起来参与，当时大家获取信息的途径有限，所以参会的人积极性很高，研讨气氛也很热烈，还有一些媒体人前来报道，包括现在很出名的财经领域大 V。她给我留下印象，是因为按照"行规"，媒体前来报道，主办单位会提供车马费，但她坚决不收，明确她只关注新闻的价值。

研讨会以两月一场的节奏持续推进，加深了我们对改制的专业理解，与会的人员都是关心改革的群体，某种程度上也帮助我们把天强改制的品牌传播了出去。

02 "改制是为了发展"

业务拓展中，天强面临的最大挑战是来自客户的质疑——改制是一个政策性很强的工作，应该找律师来把握，不需要咨询公司的介入。这样的声音，带给我们困扰，也倒逼着我们找寻自己在改制中的价值定位。

当时，摸着石头走的改革乱象和改革"后遗症"已经显现。媒体上，李经纬和三水政府因为健力宝产权的拉锯、博弈，让一家蒸蒸日上的企业变得前途莫测；研讨会上，一些改革专家倡导"股连心连"、"一股就灵"，管理层收购（MBO）成为时髦案例；部分地区为了行政业绩，或者完成政治任务，匆忙之间把本地区的国有企业全部变成民营，而企业能够持续发展的问题、职工的合法权益都没有认真论证过；我所了解的企业里，一家地方国有企业改制完成后，人人持股，企业要买一个传真机，大概 2000 块钱，员工提出"我占 1% 的股份，你要买传真机，要先上股东会征得我同意，因为这里面牵扯到我的 20 块钱"，还有企业在改制时享受了地方政府给予的一系列转让优惠，平均持股，运行一段时间后，职工因为获益、持股的热情下降，内部的管理机制、决策机制方面的缺陷不断显现，最终这家企业以歇业告终。

改制不能单纯行政导向，也不能单纯利益导向。改制而没有真正"变制"，企业的"发展"关仍是很难跨过的"坎"。

天强当时在改制上也不专业，我们就多听、多看，频繁和各方面主体接触，了解问题背后的原因，交流可能的解决思路。我相信企业的问题不是发明出来的，也不是凭空出现的。

一段时间下来，我认为，改制过程中牵扯到资产处置、人员安置，这类事情确实是律师对政策的把握更清楚，也更直接，但就天强推进国有企业改制的实践和参与研讨交流的"体感"而言，改制不是"万灵药"——解决好资产处置、人员安置，企业发展就"一劳永逸"。企业改制工作"可逆成本"很高，一旦把相关的制度安排付诸实施，再想逆转或调整，往往面临很大的困难，但改制也不是"洪水猛兽"，我国国有企业改革经历了上世纪最后十几年的"放权让利"阶段，在替国有企业"松绑"上的推进成效还是非常可观的，企业在此过程中获得了更大的经营自主权，通过后面几年的"结构调整"阶段，也有一些企业通过破解制约企业长期发展的体制性障碍，得到了发展红利。

那么，改制到底是什么？

"二十一世纪唯一不变的是永恒不断地变化"，面对信息及知识的迅速更新，面对全球化及市场化的不断渗透，面对企业外部环境及商业模式的嬗变，要求企业不断地调整管理模式及经营运作方式，企业领导层更应不断更新管理理念、提高管理技能，运用管理思想和管理方法解决企业发展中遇到的问题，从而应对复杂的外部环境和竞争挑战。

具体到我国企业，面临着产权制度的变革、企业业务定位及业务模式的变革、组织制度的变革、要素分配体系的变革等一系列复杂的变革。无论是国有企业，还是民营企业，不懈地推进制度创新是企业发展的根本。制度创新的内涵很丰富，但概括起来就是真正地建立现代企业制度。国有企业改制就是要用现代企业制度取代传统的国有企业制度，现代企业制度是市场经济的必然要求。

现代企业制度是现代企业产权制度、现代企业组织制度、现代企业管理制度的有机统一。其中产权制度是现代企业制度建立的前提，组织制度是现代企业制度建立的保证，管理制度是现代企业制度的基础。国有企业改制不仅仅是产权制度的改革，而是通过改革为企业奠定一个长远发展的基础。

改制具有政策性。毋庸置疑，国有企业改革是一件政策性非常强的工作，因此相关的规范性政策客观上有很大的刚性约束，但对具体企业而言，需要在规范前提下，结合自身情况寻求一定的灵活空间。

改制具有系统性。改制既是改革问题，也是发展问题，对于改革的方向必须系统、谨慎地筹划，并且把企业的产权制度改革与企业的战略转型结合、与企业的机制优化结合、与员工的观点转变结合，从而实现制度上的突破。

改制具有复杂性。既要把国有企业积淀的历史问题解决好，又要把企业未来的发展框架构建好，同时也要处理好改革过程中的有效过渡问题。

改制具有敏感性。改制是一个利益再分配的过程，如果改革的出发点是错误的，比如出于经营者的个人私利进行的改革或政府的

"政绩"工程进行的改革，都将对社会、国家、企业职工带来很大的影响。例如二十世纪九十年代，当时有部分国企通过"包装上市"之名，行逃废债务之实，其结果是债务逃了，通过上市圈进巨额资金，但没有规范化的监管，导致更大的资金"黑洞"出现。

基于以上的思考，天强逐渐树立了改制方面的独有理念——"改制是为了发展"。对于一家具体的企业而言，需要站在战略的高度明确改革的方向，通过改革切实解决企业发展中的问题，以实现企业的持续发展，实现竞争能力的提升。改革推进过程中面临不同主体的有效协调，包括企业职工、上级单位、相关政府部门等，这几类群体改革的动因不同，难以有效整合，甚至有相左的判断，而立足企业发展角度的"战略性沟通"不失为一个理性的解决之道。

同时，公司很快明确了自身在改制业务的价值定位——"我们是统筹改制的，不止提供方案，而且立足实施推动改制服务"，"我们探索与客户共同工作的服务模式"，在前期酝酿、方案策划、沟通调整、方案实施等服务环节，通过与客户有效互动，帮助客户真正迈过"发展"关。

03　非典之年：大企业与大项目

2003 年 3 月 6 日，北京市接报第一例非典型病例，一个叫 SARS 的"幽灵"侵入中国。病源尚未确定、传染性很强、可能导致猝然死亡，"非典型肺炎"一经发现便飞速蔓延，从广东到香港再到北京、上海，几乎每天都有死亡病例出现，整个上半年，全国正常的生活和商业活动被全部打乱，每一家企业都在惊恐中度过一个又一个难熬的日子。

天强正处于改制市场拓展的关键时期，一方面公司正在酝酿"全国化"的发展道路，上一年营收超过 200 万实现收支平衡，铆足了劲今年营收要上个新台阶；另一方面，我们计划整合并提升业务能力，借着在改制领域崭露头角的契机，进一步通过知识营销扩大知名度、提升影响力。不能出上海，我只能把工作重心放在上海当地的一些企业上，有的是去谈项目，有的是去谈合作。后来，更多精力花在电话联系客户。

一次，一家华中地区的大型设计院领导看到了我在《世界经理人》上的一篇文章，让人打电话来咨询改制事宜。我们在改制方面有一些积累，而且处于非典期间，也多了很多电话联系的机会。一来二去，大家像网友一样，聊得还不错。

随着世界卫生组织宣布对北京旅游警告的解除，与非典的作战终于在 2003 年 6 月 24 日告一段落。次日清晨，我和同事坐早班机去拜访这家大院。

这家单位技术、知识密集的特点比较突出，随着外部环境的变化和企业自身的发展，传统国有体制日益展露出了体制的僵化和束缚。在上级集团的大力支持下，院里开始推行实施产权体制改革工作。我们拜访的这天，院里内部的改制小组正在开会，一些中高层领导在讨论改制重组方案，邀请我们一起交流。

晚上，对方安排我们住在他们旁边的一个招待所里。招待所有些破旧，味道也很重，这也不能怪对方，因为大院周边尚未发展起来，方圆 5 公里都没有酒店。我们找了一会儿，最终在距离大院 10 公里之外的地方住下来。我跟同事讲，"这家企业一直在跟知名的咨询机构合作，对我们来说，这是一次合作的机会，服务这样的大院对我们有挑战，但我们要抓住这个机会，暂且不用多考虑费用多少的事"。如果没有非典期间的交流，直接去拜访，对方可能也不会把我们当回事，因为那时我们还很弱小。

这次拜见之后，我们又交流了几次，双方合作确定下来。

该院内部有改制小组，之前的方案申报、人员沟通主要依靠内部力量推进，之所以找到我们合作，是因为改革中碰到了难题，尤其是股权方案的设置。院里想让员工持股，员工不愿意持，因为上一轮的集资大家并未受益，所以这次持股，大家意愿很低，但若不让员工持股，员工会认为这个改革有问题，因为这次自上而下的改革，集团下属单位都在搞股权多元化。而且，该院规模大，内部专业设置多、组织结构复杂，改制过程中牵扯到的人员多，需要处理的各种矛盾和问题也很多。

这是天强成立以来，第一次服务两千余人的大客户，服务要求高，合同额不高，项目人员在此过程中几次感叹"觉得委屈"。

好在最终项目成效很好。天强出具的方案充分考虑设计研究单位中管理、技术要素的重要性，综合考虑不同层次员工对企业发展贡献和承担责任的差异性，并根据该院的战略规划和外部市场环境变化，为处于动态调整期的组织系统设计了兼顾历史与前瞻性的咨询建议。改制方案科学合理地解决了员工股权分配和流动管理的难题，通过有效宣传得到内部员工的认可，方案汇报后也得到了上级单位的支持，并在职代会上获得高票通过。方案实施后，该院骨干员工流失率下降，工作积极性有很大提高，全员的生产经营业绩大幅提升。实施一年后，该院产值突破 20 亿，达到建院以来的历史最高峰。

2004 年 9 月 1 日，我们收到来自院一把手的合作评价，"新公司的成立得到天强的鼎力支持，是你们用智慧和汗水凝聚成宝贵的建议，规划出院里员工激励的美好蓝图，促成并成就了企业的持续健康发展，我们非常感谢贵公司对我们的帮助。衷心希望我们双方在新的征程中携手并进、再创辉煌！"自此，我们和这家大院建立了良好的长期合作关系，持续至今。

非典解禁后，我积极拜访的除了这家大院外，还有另一家长江以北的客户。这家客户于 2003 年 2 月 23 日第一次来天强考察。为什么会记得这么清楚？因为这次考察客户一行一共来了 20 余人，给当时名不见经传的我们带来了不小的"冲击"，公司会议室坐不下这么多人，我们在酒店里租了一间会议室接待客户。客户提出希望做改制前的管理提升，但没有明确聚焦的咨询模块。第一次会面后，后来又经历了几次沟通，很快遇到非典限制外出，见面转为电话沟通。非典解禁后，我和公司市场部同事每隔一段时间，就开车 5 个多小时，中间还要轮渡过江，到客户单位商谈，项目建议书反反复复调整了许多稿。

客户同时联系的还有一家当时国内知名的咨询公司，这也是天强首次和这家咨询公司"交锋"，虽然不是严格意义上的竞标，但从客户方来说，他要在天强和这家咨询公司之间作出取舍。

距离第一次沟通 200 天后，以战略为核心的全面变革合作终于确定下来，65 万的合同费用，成为天强历史上第一个超过 50 万的大额项目。9 月 9 日，公司四周年，我们一群人欢欢喜喜地吃了顿饭，第二天，项目组正式进场工作。

非典给中国社会和经济带来了猝不及防的考验，但数据统计显示，前两个季度下滑的经济在第三季度很快实现了强劲的反弹，2003 年度的中国经济增长并未受到太大影响。

和宏观经济走向相似的还有天强的 2003 年。这一年，天强在咨询业市场中，初步取得了"生存权"，也蹚出了一条适合自身的市场化、特色化、专业化发展道路。公司为上海、南京、武汉、山东等地的二十余家企事业单位和三家中央在沪单位提供改制咨询服务，获得客户方面的高度认可；系列改制专题研讨会的召开、公司在改制方面观点的传播，受到《人民日报》、《组织人事报》、《世界经理人》、《21世纪经济报道》等多个主流媒体平台关注。

04　梦想，又近了一步

成为"专家"

确定聚焦改制专业之后，我一边通过高频次的主题研讨会、拜访交流，深入了解各方改革主体的想法、困境，一边积极关注当下的改革形势，在不同媒介渠道对外输出自己的观点和思考。

史玉柱把旗下的脑白金和黄金搭档的所有无形资产转让给了香港上市公司四通电子时，我在《为什么"受伤"的往往都是股民？》一文中写道：两家公司的业务毫无相关、所需资源能力也相距甚远。由此看来，这不能算真正的联合，只能说是"资本游戏"。我们的经济生活中，"联合"思想非常重要，但不能打着"联合"之名，玩"游戏"之实。因为这样受伤的一定是股民，国内股市发展中的教训非常深刻，至今仍未理出头绪。

在"宝钢频频携手大户，与同行企业建立战略联盟"时，我在《冷眼看待国内大企业的"世界500强"梦》中写道：近年来，"世界500强"成为很多国内大企业追求的目标，甚至是统领一切工作的公司战略。水到渠成进入"500强"固然可喜，但为"大"而"大"、拔苗助长甚不可取。"世界500强"作为市场经济的产物，无可厚非，并且有其积极的意义。但国内相当多的大企业以非市场经济的发展手段，追求市场经济的产物，究其本质真有"东施效颦"之嫌。

服务国有企业改革的过程中，我意识到：由于我国的国企改革是在非常特殊的历史条件下进行的一项工作，因此我们必须对改革工作本身的质量有明确的要求。由于认识的局限性，或其他体制方面的原因，我们的国有企业改革非常容易出现偏差。我在《谨防国企改革的"豆腐渣工程"》一文中写道：国企改革中的"豆腐渣"工程往往是源于三个方面的原因：一是改革的出发点根本错误，某些完全出于经营者的个人私利进行的改革或政府的"政绩"工程往往属于这一类；二是改革的推进不科学，犹如一座建筑，主要部件质劣，以致坍塌；三是改革者的能力不足，能否统筹改革过程中的方方面面问题，能否有进行相关配套改革的能力。

在受邀成为《世界经理人》杂志新闻评述人之后，我的文章被更多人关注。公司网站"天强财智在线"改版后，新开设专家咨询网上互动栏目，注册会员逾千，并先后与世界经理人文摘、21世纪经济报道、中国改革论坛等多家媒体网站建立合作关系。从那时开始，我逐渐受邀在各地的改制研讨会上作主题报告。

2003年11月10日，北京召开"全国工程建设企业产权制度改革会议"，主办方因为看到我之前的一些文章，邀请我在会上作主题报告，这是第一次，我被当成专家为外部活动作报告。我以"通过改制重组、完善公司治理——兼析建设企业改制中的难点"为题，探讨了传统设计企业改革重组的困难、企业改制失败的类型、资产定价及内部收购的资金来源问题以及人员间的平衡问题。

2004年初夏，中国经济体制改革研究会在贵阳举办研讨会，这是那几年讨论改革最活跃的机构之一。那次我去做报告，还有一个小插曲。主办方原本是邀请一个大牌咨询公司的人去演讲，结果临近活动时，这位"讲师"因为其他事情去不了，会前一两天，主办方联系到我。

报告中，我谈到了对改制重组的四点认识：改制是为了发展；改制是企业治理完善的过程；改制容易重组难；股权多元化设计服务于业务发展，并结合案例，围绕改制实务，交流了协助国企改制重组的体会。

交流结束后，主办单位的领导交代工作人员，这次报告要付专家费，要把我当专家，而不是咨询公司人员对待。实际上当时默认的规矩是，请咨询公司讲课是不付专家费的，因为这样的讲课也是在给咨询公司做广告。也是从这次会议开始，我逐渐在各种论坛上讲关于改制的思考和实践，有了一些名气。

有一次在一家文化系统讲课，前面的主讲人拖堂了，到我讲的时候，已经接近下班时间，而且那天下着大雨，主办方很担心这些平时自由惯了的文艺工作者会提前离场。戏剧性的是，那天报告做到18:00，没有一个人提前离场，一帮艺术家们觉得我讲的很有道理，他们都听懂了。会后，这家单位的主要领导对我表达了由衷的感谢。

2004年、2005年，是我作报告比较疯狂的两年，我每年大概能讲50场，频繁奔波在各地进行交流。有一次，我在北京做完一整天的报告后，立刻赶去机场，搭乘当晚北京飞乌鲁木齐的航班。结果遇上飞机延误，凌晨三四点才下飞机，稍微眯一下，又出现在会场作报告。还有一次，我第一天在成都做报告，第二天要赶到哈尔滨出席国企改革论坛，成都没有直飞哈尔滨的飞机，我搭乘了一架32

人的小飞机，第一次经停在内蒙古的土地上。

回想那几年，真是激情燃烧的岁月啊！认为做的事情有价值，也受到外界认可，自己总是满满的干劲，我仿佛又回到了"浑身有使不完力气"的大学时期。

变革的插曲

那几年，三星集团总裁李健熙的"除了老婆和孩子，一切都要变，改变才能存活"成为三星集团走向辉煌的起点；IBM 的一系列转型实践，让一个完全不同的"蓝色巨人"以新的身姿呈现在世人面前；华为聘请咨询公司在财务、采购、人力资源等领域提供的"手把手"服务，让自己向着"世界级企业"快速变革。世界处在快速变化之中，企业往前走，唯一能做的是以变应变。

"变革管理是实现持续发展的主旋律""变革是获得新生、重生、再生的唯一途径，是企业资源与能力体系的再造，是企业内在运行规律的再认识、再思考，是企业价值的再发现过程"，我努力思考，推进天强的变革，推进服务企业的变革，也希望将变革的理念传递给更多的企业家，"正视变革、参与变革、实施变革，正是企业家精神之所在"。

有企业家在听到这些理念后，专门提醒我，"我们是要干这个事情，但别对大家提变革，因为这个词比较敏感"；也有企业家被我在报告中的变革理念感染，当天就向天强抛来橄榄枝。携手合作很快达成，但咨询服务的成效没有达到客户"包治百病"的预期，"闪婚"的结果是持续十年的"拉黑"，这家单位的主要领导当时在业内很有话语权，该领导在各种场合给天强做负面广告，给我带来了很大压力，后期这位领导态度有所转变，专门以普通业内人士的身份、付费参加过天强主办的一些活动。最近再了解到，这家单位发展已经比较困难了。

除了这家客户，服务企业变革的过程中，也遇到不少插曲。在服务华中地区的某设计院时，改制方案做到一半，客户上级单位明确不要推进。改革被叫停了，但双方开展到一半的合作怎么办？设计院主要领导表示，方案可以正常出来，他们会按合同支付费用；但考虑客户方暂时没有改革实施的环境，我们主动提出，方案就先到这里，剩下的费用也不要了。后来的故事是，这次合作虽然中断了，但我们与这家单位基于前期合作的信任基础，建立了长期的合作关系。

还有一家山东的企业，改制服务完成若干年后，有一天当地检察院到天强来调查当时项目服务的真实性。这家企业的主要领导因其他事情被抓捕，审查过程中，发现与天强有一个咨询合作，怀疑是打着咨询的幌子为企业领导洗钱。类似这样的事情，在天强发展的过程中不止碰到过一次，但不接受任何项目的中介，更不会有任何的回扣，让我们面对这样的时刻，更加坦然，也更加坚定。虽然不能确保每个项目都能达到客户预期，但市场化、专业化、特色化道路，是天强始终在坚持的选择。

"有志青年"

随着服务的不断积累，到 2004 年天强五周年时，公司已经为数十家包括国有大中型企事业单位、本土民营企业以及部分三资企业在内的各类企业，提供了以改制重组为主的，涵盖组织架构及运营模式设计、绩效管理与经营者激励、企业变革战略咨询，以及企业文化的设计与导入等咨询服务。对国有企业，天强通过改制与重组及其他管理咨询，促使国有企业向产权多元方向转变，转变国有企业的经营机制；对本土民营企业，通过产权清晰和产权多元化及其他管理咨询服务，使之向现代企业制度方向转变，有效克服和防止民营企业各种固有的弊端。

天强的客户不仅从数量上有了较大的增长，而且出现了从小型单位向大型单位发展，从亏损的困难企业向盈利的优秀企业发展的趋势。在对国有企业资源环境的深刻理解，对集团性企业运营模式的深刻理解，对转型企业面对问题的深刻理解的基础上，出现了从单一的一般项目咨询，向综合的配套项目咨询转变。与此同时，天强在为大量生产型企业咨询服务的同时，还为多家智力密集型的大型设计、勘测、研究院所，以及省、地、市的电力、城建、交通等公用事业单位的转型改制及其他配套改革提供了成功的咨询服务。

公司五周年客户座谈会上，来自咨询协会的领导、企业界的客户代表等共计19人参加了我们的活动，尤其让人印象深刻的是时任上海烟草集团企管处处长陈烨先生的发言，"天强不是夸夸其谈的说道者，不是喋喋不休的理论家，是脚踏实地的创新者"；南自总厂的周晓阳先生谈到，作为发电集团下属的企业，南自总厂因为效益比较好，其改制备受关注，"感觉在与天强的合作过程中，天强务实的服务理念体现得非常充分。主要表现在两个方面：一是，理论与实际相联系；二是并非一味地迎合客户，能够站在独立客观的立场，从真心维护客户的角度提出自己的意见。上市公司本身也在不断地聘请咨询机构，前后已经有6家咨询企业了。但是内部对于天强都非常认可。另外，由于企业自身的利益层次非常多，各种利益关系的协调非常困难，但是天强在处理方方面面矛盾的时候非常得体，处理得非常好。最近一次汇报中，也得到了上级单位（华电工程）领导的高度评价。这是非常不容易的"。我们深受鼓舞。

9月9日，我在公司五周年答谢词里热情洋溢地传递了自己对管理咨询业、对天强业务定位、对中国企业发展的思考，"管理咨询业发展是社会化分工的需要，也是企业降低系统运营成本的需要，更是知识经济时代到来的内在要求。天强使命的起点是管理咨询兴、产业兴；产业兴、国家兴""天强业务的核心：整合、重组、变革；天强人永恒的目标：为客户创造价值；天强人心中的追求：企业的智力伙伴"。我们的愿景是"成为富有影响的广受尊敬的专业公司"，致力于为本土企业提供专业化管理咨询服务。我们的咨询理念是"与客户融合在一起工作，咨询结果必须面向实施"。我们将与本土的优秀企业和企业家共同探求基于本土文化的企业管理创新路，并立志成为企业成长的智力伙伴，进而成为企业家的朋友。

五载戎马未歇肩，巧月庆典谢四方。当天的发言PPT是红色的，屏幕展现出来，鲜艳、热情、满怀力量，我想那是梦想的颜色，我离它又进了一步。

05 在知中行，在行中知

2005年初，临近春节，公司接到了一个项目，印尼三林集团拟向中国华融资产管理公司整体收购德隆系实业部分，需要对目标企业的投资价值进行分析判断，如决定投资，将继续进行收购谈判、交割和产业整合的活动。天强负责业务小组，分析判断目标企业的行业地位和发展前景，我担任小组负责人，同时参与这项工作的还有财务专题小组、法律专题小组，承担判断目标企业财务资料的真实性、净资产质量，分析三林的交易风险、理顺德隆系金融与实业的关系。

此时的德隆系犹如一只奄奄一息的巨兽，董事长唐万新被警方逮捕，公司财务拮据，"差旅费和生活补贴难以支付"。时光再往前倒流两年，那正是它的巅峰时刻，其对外宣称控制了1200亿元的资产，拥有500多家企业和30万名员工，包括名噪一时的新疆屯河、沈阳合金和湘火炬等上市公司，涉足二十多个领域，号称"中国最大民营企业"。

三林集团当时是印度尼西亚乃至东南亚最大的华人财团，创始人林少良是著名的爱国华侨，集团总裁林逢生两次拜会托管德隆系资产的华融资产管理公司高层，承诺30个工作日后，明确"继续还是放弃"重组德隆实业。咨询、财务、法律工作小组就是这时候介入的，帮助三林集团更准确、客观地对德隆实业的投资价值作出判断。三林集团为我们在海神诺富特酒店租了一个楼层，并且两天之内把办公家具配备齐全。

三月初，三林集团向华融递交了书面报告，正式表明了整体介入德隆实业的意向，并递交了具体的建议方案。此后谈判并不顺利，多方利益主体博弈中，三林集团退出了整体重组德隆的行列，德隆系分崩离析。

承接德隆项目之前，德隆一直是高高在上、被人仰望的，但是深入了解之后，才发现如此厉害的"企业帝国"也会在某些时刻，由于某些原因，脆弱得不堪一击。德隆成为一个时代的神话，在他之前或之后，也有这样的民营企业，巅峰时刻，熠熠生辉，转眼之间，轰然崩塌，而后陷落在历史长河中。

如果说这次项目，让我们以参与者的身份见证了企业的历史，那么天强的改制咨询服务，则让我们以助力者的角色参与到企业的变革过程中。1993年，党的十四届三中全会通过《中共中央关于建立社会主义市场经济体制若干重大问题的决定》，提出进一步转换国有企业经营机制，建立产权清晰、权责明确、政企分开、管理科学的现代企业制度，首次明确我国国有企业改革的目标在于建立现代企业制度。现代企业制度的构建、发展，成为企业改革的重要方向，其推进过程，需要勇气，更需要智慧。

产权制度是现代企业制度建立的前提，因为这是清除数十年来形成的体制弊端，清理企业历史遗留问题，打造未来发展体制平台的重要举措。比如为了安置职工、出于为主业职工谋福利、适应电力行业大发展的电力多经企业，在主辅分离的改革政策下，面临原有运行模式与利益格局被打破，诸多问题与矛盾暴露的改革难点。又比如为妥善安置职工，由多名职工共同出资成立的股份合作制企业，这样的企业组织形式是在实践中产生的阶段性历史产物，其发展得到了总公司在业务渠道、经营管理等方面的很大帮助，但同时带有产权关系不清、责、权、利无法匹配，缺乏市场竞争力等问题。天强在服务中帮助企业制定了包括企业性质与形式、产权结构、股权性质、法人治理结构在内的改制方案及实施举措，助力企业成为告别计划经济体制、建立适应市场经济的经营机制和管理机制的改革先行者。

公司治理结构是产权变革的重要一环。某种程度而言，公司治理结构的重要性甚至超过了产权结构的设计，因为这影响到企业的长远发展问题，这样的一套制度安排，是为了解决投资者和经营层之间的关系，通常由股东会、董事会和监事会组成，权、责、利相互分工，并相互制衡。

事实上，为了形成公司治理结构体系，明确投资者与核心经营团队的权利、义务，国企改革在公司治理方面也走了很多弯路，从所有者缺位的国营/国有企业，到成立国资委、国资委成为所有权的代表，再到所有权和经营权分离，试点董事会，再到董事会的"名存实亡"……简单学习国外模式，而忽略现实的运行条件，让关于董事会、股东会、监事会之间的关系配置和权利行使更多停留在探索阶段。而民营企业在"资合"与"人合"的过程中均遭遇很多困扰。

天强曾经服务过一家国家级重点高新技术企业，该企业在A股市场挂牌上市，下辖十余家子公司，公司研制生产的某款产品在全球产量第一。随着企业的快速发展，企业原有的管理模式和管理能力显现出一定的不适应性，导致产品的利润率下降，影响企业市场竞争能力的进一步提高。经过前期调研和沟通，天强聚焦公司治理结构和激励约束重塑两个方面为企业提供咨询服务。

服务的过程并不顺利。为优化股权结构、完善治理组织体系，处理好集团与经营管理层之间的关系、母公司与子公司之间的关系、集团与上市公司之间的关系等，项目组在方案设计中花了很多时间和精力，有一次，我在深圳出差，收到客户方面的投诉，我决定尽快赶过去。当时从深圳到宁波没有合适的航班，我傍晚乘飞机先到杭州。下飞机后，没有去宁波的交通工具，我在机场各种找黑车，后面终于找到一辆车愿意送我过去。那辆车破破烂烂的，在深夜中穿行了3个小时，我至今依然记得当时心里的紧张。好在，客户对最终服务成效很满意。

在为多家企业提供改制咨询中，股权激励服务模块逐渐成为天强的重要标签。《信托法》颁布后，天强结合企业实际，在国内率先对股权信托与员工持股的结合进行了成功实践。某企业为典型的股份合作制企业，其产权制度不但制约了企业的进一步发展，且影响了企业的多元化投资，企业决定改制重组为规范的有限责任公司，并解决持股人数的制约、规范员工持股信托计划，以促进企业的长效健康发展。天强通过对上海地区仅有的5家信托公司进行实地调研，初步选定拟合作信托公司；协助客户与信托公司谈判信托费用、服务内容及信托合同方面的相关事项；为客户制定系统、规范的持股章程与规则；与信托公司共同拟定信托操作程序以及信托合同。这次服务创新得到了企业内部的一致认可及好评。

一些企业在前期找完律师之后，发现企业改制的问题仍残存很多，辗转找到天强协助深入；还有些企业在请其他咨询公司做好方案后，遭遇了很大的阻力难以推进，天强协助其开展企业职工、上级单位、相关政府部门等一系列沟通、协调，并逐步推动共识，促进方案落地，最终帮助企业成为改革过程中的代表性案例。过程中，也有几家企业找到天强，希望打着改革的旗号谋取现实利益，面对这样的诉求，公司明确拒绝。"改制是为了发展"，不仅仅是我们的服务理念，也是我们用来筛选客户的标尺。

在知中行，在行中知。凭借在改制专业上的持续积累，天强的专业服务得到了客户的肯定，有企业在和我们沟通后，觉得我们"搞得比较复杂"，"改制就是把股权分一分就可以了"，但后面推进改革中出了问题，找到我们重新合作；公司先后参与的上海国资委、国家国资委课题研究，受到了国资主管部门的认可；我也多次受邀成为这一领域的演讲嘉宾，频繁接受媒体采访、约稿。

06　新一轮改革大幕拉开

经过不断地努力，我国的国企改革不断探索，取得了瞩目的成就。但在看到改革成就的同时，也深刻感受到国企改革任务的艰巨性。国企的社会定位问题、国有资产的布局问题、国企运行的市场化机制定位等问题的答案似乎还是有飘摇，带来的直接后果就是改革的踟蹰不前，甚至一度成为"没有目标的航线"。

管理学大师亨利明兹伯格说，"中国可以学习西方最好的东西，但不要一味模仿别人的发展模式，可以通过自己的经验开辟一条自主创新之路"。国企改革急需突破创新。

2013 年，党的十八届三中全会召开通过了《中共中央关于全面深化改革若干重大问题的决定》。"十八届三中全会将会使改革有重大突破"，全会在一些基本制度和理论问题上取得了新的突破，如首次定义市场在资源配置中的"决定性作用"；更加明确强调了公有制经济和非公有制经济的同等重要性；提出"完善产权保护制度"等。

十八届三中全会之后，各地方、各系统推进国企改革的动作频频，对于新一轮改革的思考与讨论也成为各家国有企业重要的命题。2015 年 8 月 24 日，中共中央、国务院印发《关于深化国有企业改革的指导意见》，为深化国有企业改革进一步指明了方向，随后，相关配套文件逐一印发，以《指导意见》为引领、以若干文件为配套的"1+N"文件体系基本形成。

那时候我在巴厘岛开会，《经济观察报》《国企》等多家媒体采访我对于改革的意见，"'1+N'文件体系的形成，明确了国企改革的顶层设计，我国的国企改革将会进入到一个全新的阶段——从自下而上的局部探索到自上而下的整体推进。同时，经过十几年的努力，国企的很多历史问题已经解决，并且在中国加入世贸组织后，国有企业在方方面面取得了很大发展。""1+N"的顶层设计已经为国企改革画好了蓝图，我对接下来的改革很有信心。

后来，我在江西一家单位做《事业单位分类改革的政策态势及推进顶层设计》报告时，谈到对三中全会"决定"的总体理解，"'决定'改革力度空前，20000字左右的内容，涵盖15个领域、60个具体任务，句句是改革，字字有力度。每一句话的内涵十分丰富，落实下去都会使该领域的体制机制发生重大变化"，"'决定'在体制改革方面出现了几大亮点：国家治理体系和能力现代化——治理主题多元化，方式法治化，不再是简单命令式、完全行政化的管理；市场的作用从'基础'变为'决定'——这一论断明确了经济体制改革的主线和路线图，改革有了原则和检验尺度；清晰界定政府职能和作用——五项职能是宏观调控、市场监管、公共服务、社会管理、保护环境；公有制经济和非公经济都是重要组成部分——没有老大、老二之分了，深化国企改革有许多新思路、新任务"。十年后的今天，再看这些当时敲下的字词，依然能穿越时空感受到那时炙热的情感。

那几年，我一面积极在各种场合向各单位领导传递，要把握改革的机遇，"体制改革的促成，需要树立积极的姿态去面对"，"通过改制，解决历史遗留问题（资产、人员等），确立长效发展机制（激励约束、业务整合）等，促进内部机制转换（用工、人事、分配等），适应市场竞争的相关观念转变，优化公司治理结构，适应战略发展要求，促进相关资源整合"；一面提醒各方，"应避免'混合所有制'简单成为一个'帽子'。新一轮的改革是一件系统工程，需要国资主管部门有非常清晰、前瞻的顶层设计。十八届三中全会提出的'混合所有制'的真正构建，是所有制形态的巨大理论创新，牵扯到国资监管部门的功能调整、企业分类调整、国有资本运营公司或国有资产投资公司的组建与改造、职业经理人制度等。没有系统设计，新一轮改革效果将大打折扣。此外，还应避免推进改革简单成为一项'任务'，避免推进改革成为一件孤立的事情"。

随着时间的推移，期待"重大突破"的炙热情感逐渐在现实中冷却。混改、双百、科改、国企改革三年行动……改革政策一波又一波，但改革的总体成效似乎与党的十八大、十九大精神要求依然有相当的距离，而且实际推进的企业，有些"不知道怎么做"了，还有一些认为"出力不讨好"，改革的压力与动力不足。我连续五年为一家媒体的年度国资政策梳理写点评，这家媒体工作人员在最后一年因发表我的观点而遭受批评。不同渠道的人都在提醒我"注意措辞"。我不是一个独立的学者，我管理着一个公司，而且有与此相关的业务，我应该收起自己的锋芒。

2016 年的一次出差途中，一家媒体记者电话采访我对某位领导在国资系统的讲话怎么看？"我对此讲话没有看法"。渐行渐远的，是高铁通过隧道时的撞击声，迎面而来的，是一个新时代的开启。对比当初"有志青年"的豪迈和热忱，我觉得当下的自己已沦为"油腻大叔"。

国企改革之路，依然漫长。

从咨询"小白"到改革助力者

季明勇 | 天强管理顾问　副总经理

　　我于 2006 年 2 月 14 日来到天强实习，四个月后转正。作为一个刚接触管理咨询的"小白"，当时我觉得这个行业很"高大上"，身边的同事都很牛，不到一天就能写出一份非常专业的项目建议书，提交的咨询方案严谨、精美，从事管理咨询工作，能接触到很多职务较高的领导，与很多企业家沟通交流，这样的机会非常难得。我很荣幸能进入管理咨询行业，能和天强很多优秀的人共事，让我发自内心地喜欢管理咨询，工作中也非常有激情，经常自告奋勇去给客户汇报项目，十个项目汇报我一个人就能讲七八场，虽然每次汇报之前都很紧张、忐忑，但汇报后的满足感、成就感给予我很多正向反馈。虽然不是工商管理、财务、法律专业的科班出身，但我在一次一次的挑战中学习、修炼，逐步构建自己的知识体系。

　　刚来天强那会儿，公司大概三四十人，团队氛围特别好。实习期间，我在"研发部"（相当于现在的行业研究中心），我的直属领导让我收集信息简报、整理项目建议书、整理祝总的演讲录音等，这些都是基础性工作，但让我很快入门，快速了解工程勘察设计行业。后来我到了市场部，开始接触市场工作。时任市场部经理在商务工作、文案撰写方面给了我很多指导；市场开发方面，我又向杨帆学习到不少关于客户开发的技巧；市场拜访方面，主要得益于何博士的帮助，我跟着他跑了很多客户，有一次，我们出发前在车站买了一个面包、一瓶矿泉水，一路就坐着大巴车，从淄博到潍坊再到济南，一天之内跑了五六家客户，在这样的过程中我也学到了很多与客户交流的方法。

我是一个幸运者，在不同阶段，有不同的人在身边支持我、帮助我、指导我。祝总应该是给我鼓励最多的，也是对我帮助最大的。进天强一个月后，我收到了研究生的录取通知书，我当时觉得，读完研反正也要找工作，现在的工作我还挺喜欢的，我就不去读研了。没想到祝总说："有时候鱼和熊掌也可以兼得，研究生要去读，工作也继续干。"听了他的建议，我在工作的起初拿到了研究生的学位证书。2008年，在房地产市场不明朗的情况下，祝总提醒我"你现在可以买房了，抓紧买"，我幸运地在房价高涨前一个月上了车。类似这样"神奇"的事情还有很多，在我心里，祝总不仅是个好领导，还是人生好导师。

17年来，我先后承担市场、项目和公司管理工作，国企改革作为天强很重要的一个业务标签，我经历了很多与此相关的项目，尤其是事业单位转企业的改革工作上。

2002年党的十六大召开，进一步强调："按照政事分开原则，改革事业单位管理体制"，随后的几次会议进一步提出"继续推进事业单位改革"、"加快推进事业单位分类改革"。按照这些会议精神，各省区市都选择了一些领域和若干地市开展分类改革的综合试点，天强的事业单位改革从这个时候开始，集中服务了一批文化演艺单位、科研院所和部分设计院的改革推进，包括江苏文化演艺集团、江苏交通科学研究院等单位，其改革的主要方向是"民营化"。

2007年，关于事业单位改革的政策要求进一步深化，十七届二中全会通过《关于深化行政管理体制改革的意见》对深化事业单位改革提出了具体要求，明确"按照政事分开、事企分开和管办分离的原则，对现有事业单位分三类进行改革"，天强陆续服务了一些客户单位，包括南昌有色院、昆明有色院、江西交通院等。

2011 年，《中共中央国务院关于分类推进事业单位改革的指导意见》发布，按照社会功能将现有事业单位划分为承担行政职能、从事生产经营活动和从事公益服务三个类别，要求不同类别的单位按照不同方向进行改革，并明确了事业单位分类改革的时间表。同年，推进事业单位改革的配套文件印发。2012 年，事业单位改革工作在全国全面铺开。天强聚焦服务设计院客户，北京建筑院、北京勘察院、广东水利院等基本在这一时期完成了分类。

2016 年，国务院办公厅印发《关于从事生产经营活动事业单位改革的指导意见》，事业单位分类改革进入倒计时阶段。在此政策要求下，天强助力工程设计咨询领域、检验检测领域很多单位完成事转企改革，例如浙江交通院、广东省建筑院、广东省规划院、贵州水利院等。

国有企事业单位改革有着政策性、综合性、敏感性、复杂性等特点，工程勘察设计行业单位由于历史悠久、用工情况复杂等，在推进事转企改革时，往往矛盾比较大。从政策角度来看，事业单位涉及的单位多、人员广，5 号文、37 号文在人员安置方面较为宏观，虽然地方政策层面也有一些实施细则，但未考虑到一些行业的特殊性，而且各个地方政策差异很大，缺乏相关配套，导致政策要求和人员诉求有所脱离，企业面临选择难题；从改革主体角度来看，一些单位片面认为"事业单位改革就是事业法人注销，事业编制取消"而忽视了以体制改革为契机，激发企业的内在动力和健康发展。还有一些单位，虽然业务市场化，但因为关注事业单位的身份而选择公益类改革方向，而后在部分人才流失、人才激励受限的情况下，市场化业务逐步萎缩，发展受阻、综合实力下降。

天强基于对改革政策、尤其是对全国各地政策的熟知，结合工程勘察设计行业的发展特点和趋势，能够站在有利于企业发展的角度，通过改革为设计单位带来体制机制创新上的新变化。梳理总结这些成功改制的单位，发现其主要有以下特点：第一，改革工作的定位和站位较高，是基于企业长远发展、所属行业事业建设甚至当地经济发展建设需要来考虑，而不是走政策驱动型改制、政治任务型改制、"甩包袱得好处"型改制的路子；第二，改革单位拥有强有力的领导班子，尤其是单位的一把手，做事果敢、积极推进。比如在参与一家设计单位的体制改革时，这位院长虽然快退休了，但还是从长远发展考虑将改革与外部资源引入、内部资源激活、管理机制优化甚至股改上市结合起来，主动向上级部门争取、推进工作，员工一看主要领导都放弃事业身份了，对未来的发展很有信心，也给予了改革工作的积极配合；第三，改革要关注天时、地利、人和，天时是指要把握好改革的时间点，地利是指要结合自身单位的情况，选择合适的发展方向，人和是指领导层、核心骨干人员对改革工作的认知要达成一致。事转企改革涉及改革、发展、稳定三者的关系，需要系统考虑其推进实施。

当下，外部大环境的变化对设计企业发展带来挑战，要求企业提升内部的运营效率，增强企业的活力，强调自身核心竞争力。在此背景下，客户的需求变得更加综合且复杂，这时我们对国企改革的理解，不再局限于产权制度的改革，也不完全是内部机制的改革，而是与企业方方面面挂钩，比如组织效能的提升、人员活力的激发、业务产品的升级等，需要我们用更综合的视角来看待。

面向未来，天强如何为客户做好企业转型的服务？我觉得有三个方面，第一，我们要具备对外部市场环境的分析和判断的预见能力，只有站在现在看未来，把未来描述得更加清晰，在不确定性之下尽量找到确定性及可预见性，才能在帮助企业转型过程中，提供更有针对性的服务。第二，要拥有专业落地实施的能力，我们除了能为客户提供合适的方案，还要帮助客户实施落地，其中除了自身相关能力的应用，还涉及对客户业务和专业的理解。第三，要有很强的资源整合能力。其实现在很多客户遇到的问题，也不是单纯靠某家企业或某家咨询公司就能解决的，但我们可以通过天强的平台，通过整合内外部资源、产业链上下游的资源，帮助客户进行转型。从这个角度来说，我们对咨询的理解也更宽广了，过去的咨询可能停留在提供若干个报告，现在报告依然是一种很重要的载体，但只是其中一种形式，咨询还拥有更广泛的价值。

过去的 25 年，天强帮助很多企业转型变革，实现规模增长，很多企业在天强的服务下成功上市，对于咨询顾问来说也是很荣耀的时刻。希望未来天强能够继续以专业视角、务实精神，更贴近客户需求、贴近客户呼声，为客户提供有价值的可感知的服务，帮助更多企业创变转型。

第四章

深耕行业

前段时间，我和一位业内人士会面，聊到深处，他说交往之初，他一直很好奇，我作为一个不懂设计的人，凭什么在设计行业立足？这么多年下来，他理解了我的第三方视角以及我所关注的不是技术上的『设计』，而是与勘察设计相关的产业发展、行业发展、企业发展。

01 不得已下的生存之路

2004 年 8 月 9 日，继公开质疑 TCL、发表《海尔变形记——一次曲折而巧妙的 MBO》之后，经济学家郎咸平在一个题为《在国退民进"盛宴"中狂欢的格林柯尔》演讲中，将矛头直指格林柯尔董事长顾雏军——"利用一些地方政府急于加快国企退出的思路，将收购与改制打包在一起，玩了一把双方互惠互利的双赢游戏"。

与同样被郎咸平点名的海尔、TCL 选择沉默不同，顾雏军选择了反击，他向郎咸平发出了律师函，要求删除相关文章并道歉。郎咸平以一篇《学术尊严，不容顾雏军践踏》的文章予以回应。

此次事件经媒体报道发酵后，一大批经济学者加入讨论，郎顾之争演变为国企改革之争。

就在天强基本确立改制地位的时候，国家在国资国企改革方面的政策出现了较大转向，最直接地体现就是很多地区、行业的改革停滞了。改制业务量迅速萎缩，天强在大环境要求下必须转型。

主观上，我一直也在筹划天强在国资国企改革专业之外的另一处特色。当时管理咨询行业的一些中小单位，在业务拓展上主要还是靠朋友、靠中介、靠合作，依靠相互之间的利益捆绑获得业务，天强更希望强调自己的专业化、市场化，但是囿于资源和规模，于是，和聚焦改制背后的逻辑一样，天强选择了再次聚焦。

同时，当时所有主办管理咨询企业的创始人，一类是从管理咨询公司出来，另一类有过大型企业的管理经验，而我"两边不靠"，我想通过某一方面的深度积累，能带领公司成为一家广受尊敬的专业服务机构。

实际推进中，我们发现聚焦行业比专业难度更大。大部分咨询公司在专业化道路上都选择的是聚焦专业，比如战略、组织、人力资源、品牌等，从行业角度来聚焦的极少，除非是有些营销策划类企业，例如以汽车行业为主等。

那个时候，天强服务的企业类型比较多元：烟草企业、电力企业、地产企业、工程类企业、制造类企业等。梳理五年来的公司业务，我们发现有两个方向可以考虑，一个是勘察设计行业，当时已合作过几家代表性客户，比如上海现代建筑设计集团（华建集团前身）、中冶南方等；另一个是文化行业，服务比较成功的客户有江苏文化演艺集团、曲江演艺等。而且，我认为天强和这两个行业同属智力密集型行业，很多管理问题是相通的，我们自己在管理中碰到的一些问题，客户企业也会碰到，会更容易理解服务对象的痛点，此外，从业者大都是知识分子，行事风格比较相近，沟通起来更为容易。

聚焦，在设计和文化领域摇摆了一段时间。在经过一些尝试探索，以及多次与客户的深入交流后，天强最终选择了工程勘察设计行业。

从结果回看，可以总结分析出多种原因，但从当时的出发点来讲，这样的选择更多是在各种各样的约束下，不得已的生存之路。

02   让思想飞翔

方向定好了，接下来是路线图。围绕聚焦工程勘察设计行业的战略，公司采取了一系列举措。

第一，推出了面向设计行业的品牌——思翔。一方面，当时，天强还是有一些其他领域的客户，占比20%左右，所以想在品牌上做一些区分——天强面向所有领域客户，思翔是专门面向工程勘察设计行业成立的服务品牌。另一方面，思翔，本意有智囊的意思，英文采用的是THINKERS UNION，我希望思翔能够与行业企业共筑、共建、共享，跳脱出单个企业的思维和视角，共同促进行业的发展。

现在看来，一套人马、两套品牌体系很不错，但当时这样的举措，实际上也带来了困扰。除了显而易见的品牌相关工作量增加之外，对客户而言，他们在天强聚焦行业的一系列动作下，很长一段时间，只知道思翔，不知道天强，也很疑惑思翔和天强之间的关系。

第二，推出面向行业的第一本杂志——《思翔商业评论》。2007年第一届院长论坛收获了不错的评价，随后我们开始谋划面向行业出一本杂志，既是思翔品牌的具体载体，也是对外营销的重要手段。杂志定位于面向工程勘察设计行业企业高层，意图从行业的视角，呈现行业专业研究成果分享、业内企业高层访谈、行业新闻政策及宏观大势等内容。

十七年如一瞬，《思翔商业评论》仍在继续出刊。如同一个行业的体温，这本杂志与业内企业共同见证了行业的繁荣与寒冬，也记录了行业众多风口领舞者的探索实践，为"推动中国企业的资源整合能力提升与转型升级"提供可借鉴的经验。这些"做到了"的背后，所付出的艰辛与取舍，考验着整个团队的初心，也离不开众多企业客户、合作伙伴所持续给予的信任与支持。

第三，公司内部资源的高度统筹。为了生根行业，天强的内部资源必须是高度集成的，尤其是有分公司之后，突出优势、集聚兵力树立特色显得尤为重要。现在，如果我们想去开拓别的行业，那肯定会很难，因为几乎每个行业都有相应的品牌服务机构；但当时我们还是面临着很多市场机会，如果不统筹的话，行业的优势很难积累起来。

记得 2005 年在成都的一个项目争取工作上，和我们一起竞争的有某知名咨询公司。对于这家咨询公司，这仅是一个项目；但对于天强，这不仅仅是一次市场机会，更是特色化打造的重要积累，所以我们几乎是"拼了命"拿这个项目——几个核心人员一起在客户所在地方租了房子，主动与客户交流，积极开展内部讨论，力求拿出一份"完美答卷"。

这次项目完成后，考虑到当地拥有许多规模较大的设计单位，并且具有比较强的咨询意识，为了近距离为客户提供优质服务，天强就势在成都设立了区域公司，迈出了全国化布局的第一步。

2008 年，天强在北京设立了分公司。对于一些"中"字头的大单位，我们列表梳理、逐一拜访，当时甚至有很朴素的想法——去约见客户，即使最后人家不和我们合作，但是我和他在交流的过程中，可以给他提供一些我们积累的有价值的信息，可以借此调研客户的关注点。

因为公司一以贯之的市场化路线，天强在培养自己的市场能力中一边摸索，一边总结，一点点勾勒出自己要走的路。为了拓展市场，我们提出"大单位做小项目"的策略。在当时的我们看来，大单位如果想争取大项目，难度很大。彼时，项目大小不重要，关键是这些品牌的业内企业能成为我们的客户。新进入聚焦到一个领域，品牌开拓上，我们需要借助大客户、大品牌这样的影响力。

发展至今，天强"为2000余家客户提供服务，其中1500多家为工程勘察设计企业"，这样一个聚焦结果，其过程中充满了取舍：要不要这样？做到什么程度？采取哪些措施？……每一步都是考验。

03 "一只脚前，一只脚后"

"首先，选择意味着放弃，聚焦勘察设计行业意味着对其他行业机会的放弃甚至屏蔽；其次，从整个产业链的角度来看，勘察设计行业并不大，当时就千亿级规模。"转型中的天强内部，再次迎来挑战，其中最明显的是人才引进上的难题。

从个人发展角度，很多人到咨询公司是想工作几年再跳到甲方，而我们所聚焦的领域相对封闭，相当多的设计单位当时是事业单位、国企，很难成为大家的职业选择。而且，在职业方向上，大家会更希望从事专业咨询工作，比如战略、组织、人力资源等方面，将来可以从事与此相关的工作。

最近几年，天强入职了一批从设计院出来的人员，但十多年前，天强聚焦行业初期，根本没有这种"从甲方招人"的可能。当时正值勘察设计行业的大发展之际，尤其是市场化程度较高的建筑设计领域，我们形容为"遍地开花"式的发展，"坐着等活上门"。有一段时间我们在公司内部自嘲：天强要努力做到一个地方乙级建筑院的规模。2010 年，公司从浦东新区的江苏大厦搬迁到位于虹口区四川北路的盛邦大厦，装修完成后，我们一位同事无比自豪地说道，"我们现在已经有点接近一个乙级建筑院的实力了"。

那几年的天强，内部招人范围严重受限，外部在影响力不断提升的同时，也面临很多质疑。

在以战略为引领，采取系列措施并被市场验证以后，天强有了两方面的突破：第一，深入的互动，让天强更加了解设计企业。通过各种各样的会议组织、参与，以及与企业领导的交流、接触，我们更清楚地理解勘察设计企业所关注的痛点和问题，甚至相当长时间，有客户也开玩笑说"天强是最理解设计院的"，第二，来自客户间的交流引荐，加速了天强品牌的全国化发展。随着公司在设计行业的持续积累，客户间跨区域、跨领域的交流也为我们的品牌传播形成了助力。

随之而来的是一些负面声音的扩散——"不懂设计，凭什么去做设计行业的管理咨询？""天强的能力远不及影响力。"

一方面，我们确实不懂设计，我们是立足管理角度去看设计企业的发展，通过企业调研、深入分析，希望通过管理咨询独立第三方的身份帮助客户企业向着精益化管理、市场化发展逐步迈进。另一方面，在行业改革、创新、转型的浪潮中，伴随着设计企业体制改革、管理创新、战略调整的变革历程，这样的变化和发展给了我们与设计企业同行甚至参与其中的机会。

而能力不及影响力的那段历程，似乎也是我们的必经之路。就像走路，两只脚一起往前蹦会跳得更远，但多数时候一定是一只脚在前，一只脚在后，幸运的是扯后腿的那只脚，总有一天也会同步同行起来。我们也深知自己的不足，将天强专业能力的提升贯穿于公司的每一次变革中。

04 打造行业交流平台

2023 年 5 月，从江北国际机场去酒店的路上，随处可见的蓝樱花、三角梅，开得正热烈，一眼望去，绿荫如海。

第十七届思翔院长论坛于 5 月 18—19 日在重庆举办，论坛以"沙磁论道——可持续发展 构建共同未来"为主题，来自全国 25 个省市地区、交通、市政、电力、建筑、冶金、勘察、规划等 12 个细分领域的 90 家企业、200 余位领导嘉宾莅临参会，活动成功收官，得到与会嘉宾和外界的高度认可，也被多家行业组织相关媒体、社会媒体第一时间关注报道。

虽然已经是第十七届了，但这样的行业盛会，对天强而言每一次都是一次不小的挑战。

会议合作上，这次与重庆沙坪坝区政府的合作是自思翔院长论坛举办以来，我们第一次与政府机构以活动形式展开合作，以往与政府的合作更多是以专业服务机构的角色承接课题研究。同时，公司内部组织扁平化，习惯了这套运作思路的团队成员在与政府对接中需要更多磨合来适应对方的工作思路。

会议议程上，为了呈现一场内容丰富、层次多样的论坛活动，我与团队反复讨论策划，议程多次变更，最终确定了 1 场院长圆桌会、1 场主题分享、6 场专题分享、3 场专题夜沙龙、1 场主题对接沙龙等形式，希望能够以活动为平台，激荡引领、探讨合作、共谋发展。在此过程中，6 位重量级专题分享嘉宾为了出席活动，付出了很多努力。

我刚刚"二阳"转阴，仍咳嗽不止。为了我的主题报告能够顺利进行，我提前咨询了医生朋友，"提前 2 小时吃药，上台时药效会发挥得比较好"。5 月 19 日下午，我算好时间吃了止咳灵，半小时的发言全程只有零星的咳嗽。

会议组织上，在前期已按照活动手册做好分工安排。活动举办前一天，公司会务人员一大早从上海飞往重庆，对接相关单位、确认嘉宾行程、关照现场搭建、梳理衔接流程、准备会议材料……要求所有工作人员各司其职，且相互补位，及时应对可能出现的状况。

尽管如此，论坛还有很多没做到位的地方。比如人数众多，对个别重要领导、嘉宾可能照顾不周；作为思翔院长论坛代表性环节的——院长圆桌会，时间有限，180 位嘉宾中仅有 22 位嘉宾代表发言，其他嘉宾感到参与感不够等。

回望 17 年的历程，思翔院长论坛成长的道路也是颇为曲折，但在多方力量支持下，一路坚持了下来。

寻路：缘起2007

2007 年，天强公司成立八周年。我那会儿相信一句话，"三年入门，八年入行，二十年入道，五十年入化"，如同竹子的生长，经历了三年的扎根，五年的拔节，接下来会到一个很重要的节点，所以天强的八周年很重要。

经过八年的摸索折腾，公司对未来的发展方向比较清楚，最明显的体现就是"1 个专业和 1 个行业"的布局。但在品牌输出上，我们更多还是在强调 1 个专业——改制专业，尽管 2005 年"郎顾之争"之后，我们的改制业务量少了很多。在聚焦"1 个行业"上，我们做的还比较少，主要是我去外边参加会议、作报告。借着八周年的契机，我们要加大动作，比如策划的两场活动，一场是在北京举办的国企改革活动，另一场是面向设计行业的"院长论坛"，强化思翔在设计行业的品牌形象。

想法有了，活动在哪儿举办呢？我想到了成都分公司。成都分公司是天强进行全国化布局以来成立的第一个分公司，2005年谋划、注册，2006年正式运作。于是我们定于周年庆前一周——8月31日，在成都举办这次活动。

那时候，公司正在为国资委做员工股权激励的方案，方案被采纳后成为2008年11月下发的139号文的雏形。这次活动我们邀请了当时国资委改革局的一位领导，请他就行业内国有企业的改革发展与大家作交流。这位领导的行程一直定不下来，直到活动前一晚最终确定与会。此外，我们还定向邀请了一些企业高层领导，总共二十余人。

会上，大家以茶会友，分享各自企业的经验做法，讨论时下的热点话题，气氛很热烈，大家也很开心，纷纷表示这个活动应该继续下去，甚至有人提出一年一次频率太低，半年一次聚一聚感觉很好。

当时举办这样一个活动还是很吃力的。类似这样定位的活动在全国也很稀少。它既不是政府部门组织的以领导讲话为主要形式的会议，也不是当时接受度较高、也相对容易开展的"培训"，仅是大家一起交流，所以邀请初期有几位嘉宾对参加这样的活动很是犹疑，甚至活动结束后，有一位与会嘉宾问我们到底是啥目的？他跟我说，他们是中型设计院，短期内也不和我们签合同，我们这样费时费力，成本太大了。我们跟人说，没目的，人家还是心存顾虑。

尽管如此，这个以周年庆为初心的活动在大家的鼓舞下决定来年继续办，"青城论道"成为思翔院长论坛的起点。

探路：在成长中发展

2008 年，金融危机呼啸而至。11 月，我们以资本运作为主题举办了第二届思翔院长论坛。活动邀请了时任住建部执业资格注册中心修璐副主任、长江勘测院钮新强院长、北勘院沈小克大师等嘉宾，共三十余人。

会上，时任苏交科王军华总裁和悉地国际赵晓钧董事长的交流分享，给我留下了深刻的印象，他们前瞻的思想也给现场嘉宾带来了冲击。

2009 年第三届论坛，天强与铁四院合作举办，活动邀请了中国勘察设计协会的领导参会，天强当时在为住建部做勘察设计行业年度报告，也邀请了住建部相关领导参会。

一直到第三年，当时这样的活动也不是很多，我们在组织上也很谨慎，举办中面临的最大困扰是成本问题，因为活动定位不收取任何费用，与会嘉宾是定向邀请制，举办活动产生的相关费用主要是由天强自己承担。与此同时，也会有个别嘉宾质疑我们的目的。记得当时有个北京某行业大型设计院领导说，"天强肯定有什么底牌没出，不然为什么要出钱出力来做这个事情？"

到了第四届，参会人数达到了 50 人，现场乌压压坐了一圈，大家似乎在期待常规活动下的主要领导现身。那时候公司在组织这样的活动方面也欠缺经验，会上引导大家交流，但大家似乎不知道该怎么交流，并且彼此之间也不是很熟，会场弥漫着一种无形的压力。我们第一次感受到随着举办人数增多而带来的些许失控。

一边感受到压力，一边是很多嘉宾对我们的鼓励，他们希望活动能够持续下去，我们也本着能够和客户多一些交流机会的想法便坚持了下来。

2009 年武汉提出打造工程设计之都的目标，希望向国际组织展示中国工程设计的智慧和力量，展示武汉设计创意的蓬勃生机。同年，天强作为工程勘察设计行业专业研究服务机构，与武汉市建委合作策划推动武汉工程设计产业发展的重要促进平台——中国武汉产业联盟（以下简称产业联盟）的筹备工作。2011 年 1 月 23 日，产业联盟完成组建。为积极支持武汉设计之都的建设主题，第六届思翔院长论坛在武汉举办，此后，天强与产业联盟联合主办了数届思翔院长论坛，产业联盟给予了活动极大的支持。

2012 年，在南京举办的第六届思翔院长论坛上，有位连续 4 次参加院长论坛的行业主管部门领导，即将调任到新岗位，这是那位领导调离前最后一次参加行业活动。会上，他表示这个活动特别好，大家能够一起来交流一些真实的问题，彼此之间相互启发，很有收获。他的高度认可，给了我们很多信心。当然那时候的我们，还不够自信，后来也会引用这样的话，导致行业协会的部分领导颇有微辞。

历经 6 年的积淀，思翔院长论坛在成长中逐渐清晰了自己的名片，活动定于每年 5 月第二周的星期四、星期五举办，其发展目标由最初的思想交流功能发展为"激荡·引领·对接"，希望通过汇聚行业有识之士的思想激荡、合作对接，探索企业的理性生长，引领行业的进一步发展。

在举办原则上，天强希望能够始终秉持民间、开放、价值的定位：这是一个民间的活动，希望来自不同细分行业、不同区域的领导，能够摒弃身份、地位上的不同，更多以企业发展领航人的角色平等真实交流，探讨共同成长；这是一个开放的活动，在这里，细分行业、地域被打破了，大家可以畅所欲言，活动的主题和讨论的话题，也是相对开放，不设限，与会嘉宾除了设计院领导外，也会有政府、协会相关负责人、产业链上下游企业高管以及行业外特邀嘉宾，大家以不同视角进行分享、讨论，这不仅仅是一个会议，更是大家交流合作的平台；这是一个有价值的活动，在分享与交流中借鉴成功之道，在三五对接中共谋未来发展，希望能够启发大家的创新思考。经过多年沉淀，思翔院长论坛已发展成为工程勘察设计行业高层领导探讨合作、谋求发展的重要年度聚会。

拓路：1+1活动体系

2013年，十八届三中全会召开，传递了经济改革的改革趋势，行业监管朝着市场化发展改革，经济发展朝着信息化、数据化方向改变，对于设计企业而言，企业的竞争要素发生了很大改变。

在此背景下，天强策划举办了以"总结回顾行业年度发展现状，前瞻预判下年度行业发展趋势"为特色的思翔院长论坛·年度峰会。那一年的峰会主题是"变革起舞"，我在主题报告中提出：工程勘察设计行业经历了十年的快速发展期，"四万亿"的产能释放后，"趋缓"是必然事实，而设计资源布局和市场需求资源布局之间的不平衡，是我们在进行战略思考和布局的时候需要考虑的问题。行政力量的逐步退出，上下游行业、跨行业跨地区、行业内外之间的企业融合都在上演，转型正在进行，也势在必行。

面对转型升级，行业企业考虑三个层次：延伸、集成、创新。业务延伸的本质打破条块发展的边界，跨地域、跨行业都是一种延伸，做延伸时要作出判断；集成发展是要打通产业区隔，总包是一种集成，如果把投融资结合起来更好。创新是一种新的业务形态，创新的重要目标就是要在领域内提供系统整合方案，是重新创造新的商业环境，如平台战略。

不同于院长论坛的"激荡·引领·对接"，年度峰会定位于"回顾总结·前瞻预判"，作为十八届三中全会后的第一次行业聚首，峰会通过一手调研信息分享、独家主题报告、专家趋势解读、行业关键话题等形式展开，来自全国60家家企业代表、媒体记者等130余位嘉宾参与交流，我至今仍然记得与会嘉宾的热情和对未来的期盼，有一种真切的与变革起舞的劲头。

在"稳中求进"总基调与"两个转变"的引导下，2013年之后，国内经济环境、投资环境、政策环境、市场与竞争环境与以往相比发生了较大变化，给细分行业带来挑战与机遇，对企业的发展也提出了新要求。

2014年，天强成立15周年，感受到了行业的调整以及企业的压力，立足于新近行业数据的发布、领先企业的实践交流以及不同领域企业的合作对接，天强在周年庆前大约一周策划举办了"思翔院长论坛·产业峰会"。

在随后的发展中，天强又策划了以小规模"深度考察交流"为主要目的的思翔院长论坛·思享会。2020年疫情之后，为解决流动受阻问题，天强策划举办了一系列在线交流活动。

至此，天强对原有的活动体系进行升级后，形成了"1（线下）+1（线上）"思翔活动体系——以"思翔院长论坛"为代表的系列线下活动，和以"思翔在线、善思"为代表的系列线上活动。

曾经有客户调侃天强可能是一家会务公司，我们内部也会就此发出疑问，活动不挣钱，为什么要办这么多？还办这么多年？

最初举办这样的活动，是为了了解客户，和客户建立良好关系。到 2013 年，公司确定了平台化战略发展方向，因此活动的定位也随之变得清晰——搭建平台。天强的系列活动不仅仅是天强与客户之间交流的平台，也是客户与客户之间沟通的平台，更是不同细分领域、不同区域、不同企业之间探讨合作的平台。

在此过程中，系列活动的举办也成了天强公司培育团队协同文化、提升团队战斗力的重要契机，一方面，活动规模越来越大，甚至一度超过 300 人，而现场会务人员只有一二十个，这就要求大家责任到位、相互配合，以此应对临时出现的需求；另一方面，一场大会，涉及策划、现场、宣传等方方面面的工作，对相关人员而言，也是一次重要的挑战。

我很清楚，作为非专业会务人员，尽管我们每一次都想呈现出一场高质量的论坛，但是实际组织过程中，不可避免地会出现一些瑕疵。初期的时候，如何给活动定位，如何吸引嘉宾参加，如何进行有效交流，一度困扰着天强；发展过程中，随着人员规模的逐步扩大，活动组织的难度也越来越大；此外，每一届活动主题的策划，既期待契合兴趣，又希图引领思考，让各行各业的嘉宾获得参与感，都成为主办方煞费苦心的环节。

得益于业内诸多单位的信任与理解，得力于一部分单位的鼎力支持，在一次次摸索前行中，思翔院长论坛系列活动成功走过了 17 年的旅程，活动规模逐步扩大，活动主题不断演变，成为工程勘察设计行业发展轨迹的一个映射和见证。

值得一提的是，面临外部环境的变化，大家关注点的改变以及企业运行中的一些新的关切，2023 思翔院长论坛·年度峰会在连续举办十年后再次迎来内容和形式上的改变——"天强洞察2023"全新亮相，希望通过天强这样一个观察者、思考者的角色，在数据洞察、市场洞察、未来洞察中，把握勘察设计行业2023年的发展特点，作答2024年以及未来一段时间内行业的发展新篇。

真心希望天强搭建的这样一个丰富的活动平台，能够为行业企业的创新发展提供助力。

05 民间智库

亚马逊河一只蝴蝶扇动翅膀，可能会在太平洋掀起一场龙卷风。一个名为"次级房贷债券"的金融衍生产品，经过持续发酵，引发了美国次贷危机，并在2008年9月中旬迅速升级为席卷全球的金融"海啸"。

远在上海浦东的天强也感受到了这波"海啸"的威力——项目数量下降。

2009年年初，公司提出逆势扩张，并明确在这样的背景下，把人员数量扩大当成一个战略性举措，在原有人数基础上扩大50%。

之所以有这样的考虑，是因为确定深耕工程勘察设计行业的方向之后，那几年公司在新人引进上一直处于困境。一方面，有过咨询工作经验的顾问大多对天强聚焦这样一个"小众"行业的前途以及自身发展的局限性保持谨慎；另一方面，当时公司内部较为封闭，一些老员工会用"放大镜"去查看甚至审视新员工，尤其是新员工身上那些与内部"标准"不统一、不同步的地方。

业务下行，新进人员如何安排？为了给新人"找点事情做"，找点"短期之内可能没有成效，但是长期来看是有用的"的事情，再三考虑后，方向落在了行业研究上。

事实上，之前的学习、工作经历，让我看到了研究的重要性，公司从成立之初就设有研发部，但是最初研判的研发部更多还是一个比较宽泛的定位，收集整理资料、编写天强内部刊物《财智报道》等。后来随着公司的发展，项目数量增多后，研发部也承担了一些项目工作，各项职能交织在一起，有点所谓"总工办"的感觉了。两届院长论坛的举办、咨询项目的实践，以及一直积累的内容，为行业研究打下了一点基础。

我们在和设计企业打交道的过程中发现，企业有企业关注的管理问题，但是大家对于整个行业的全貌以及行业未来的走势和特点认识不足，这个行业原本就是一个条块分隔的状态，我们想要发挥自己的力量，持续地常态化地来做行业的深入研究。

2009年年终，我带着天强版的行业发展研究报告初稿来到北京，经过若干人推荐，找到主管部门领导，想听听相关领导的指导意见，也想看看这样的研究成果是否能够发挥价值。几次沟通下来，行业发展研究报告在原有的基础上进一步修改、完善，考虑到主管部门发文的特殊性，最后确定以中国勘察设计协会的名义发布，希望这份报告对设计企业的发展有所指导。

这样的开头给了我们信心，但随之而来要考虑的是我们的投入能不能撑得了这块工作的持续推进。人员扩大的实际效果有限，加上分公司，公司共有六七十个员工；并且还有一个很现实的问题，是让不能做咨询报告的人来做行业研究，还是让项目做得好、水平高的人来做。为了让研究的成效更为显著，最终考虑让在项目经理中处于前列、人也比较成熟的一位项目经理来负责，总部和西安分公司的几位员工一起，组成了一个小团队。

2010 年年初，天强正式成立工程咨询设计行业研究中心。当时，公司正处于业务体系提升发展期，提出"R（research 研发）C（consulting 咨询）A（assemble 集成）模式"，希望以研究能力来支撑咨询，进一步往集成类业务发展。行业研究中心部门之外，公司还设立了产品中心，探索培训、并购等非管理咨询业务。

但在实际运作中，行业研究中心组建起来非常难。难点在于三方面：

第一，行业研究缺乏方法论指导。一般讲行业研究，能想到的是两类，一类是券商的行业研究，它的商业模式是通过对上市公司的年报数据分析来支撑其自营业务；另一类是政府部门下的研究机构，比如研究汽车行业的发展等。我们专注的勘察设计行业，具有自身的特殊性，说它是一个行业，仅是在监管上划分成一个行业，但实际上它不是一个真正的行业。那么我们研究行业，研究角度、研究内容是什么？行研成立的前三年，因为定位不清晰，我们在研究内容上左右摇摆，频繁更换中心负责人。

第二，公司内部的人对这块工作不理解。在大家的认知里，行业研究既不同于创造产值的项目部门，也不是职能部门，而是一个咨询公司中的"异类"。同时，行业研究中心在实际工作推进中，也遇到了很多困难，团队的价值感比较低，第一个负责人在尝试了一段时间后决定辞职。后来，又换了几任负责人，也招了一些新人，还有的咨询人员在行研工作过一段时间后提出，"要回去做项目"。人员不稳定，定位不清晰，曾出现公司数次为了行业研究中心运作必要性，在内部开会时激烈争论、争吵，而且咨询实践里形成的认知在行业研究上也没办法搬来照用。

第三，已有的研究成果如何推广出去。研究要形成一个循环，意味着你研究的东西必须是可用的。但当时我们想接课题很难，已有的研究成果怎么发布让更多人知道，也没有路径。

尽管有这些困难，但对于成立行业研究中心的决定我很坚定，无论是深度服务客户，还是公司走向"集成业务"的战略谋划，都需要我们对整个行业的发展脉络、发展趋势保持持续的、深入的研究，以此为引领行业的可持续发展思考与理性应对提供支撑。方向明确，接下来的事情只能一点一点克服、推进。

在行研定位上，明确为引领行业思考，通过一些前瞻性的研究内容，包括整个行业的发展趋势、行业发展的内在特点等，对企业发展带来启发。

在人员安排上，我们明确做行业研究的人不做项目。这也是一种迫不得已，因为一做项目，行业研究工作最后就变成了一件"农闲"时候的事情，那样无法形成持续有效的积累。

在研究推广上，公司内部提出"当我们什么方向都搞不清楚，我们先把《中国勘察设计行业年度发展报告》作为一个长线的产品持续深入"。行业研究报告的合作，后面也发生了一些变化：最初几年与协会的合作，住建部是有课题经费的，后来在协会领导的换届中，课题经费没有了，并且多次面临能否持续开展的尴尬境遇。

2010年，除了行业年度报告外，我们还有幸做了两个课题，一个是给住建部建筑市场监管司研究制定了《工程勘察设计行业2011—2015年发展规划纲要》；另一个是为北京市规委做的《北京市勘察设计行业"十二五"规划》。靠着这两个课题打底，行业研究中心逐渐起步。

秉持"引领工程勘察设计行业可持续发展思考与理性应对"的

服务定位，天强行业研究中心在十余年的发展中构建了涵盖"政策库、案例库、数据库"在内的深厚知识体系，受国家相关部门委托，深度参与到国资、工程勘察设计行业的有关法律、法规、政策、办法等研究中；长期跟踪行业发展和企业研究，形成国内外、各细分领域近300家典型性企业研究；持续积累了行业21个细分领域、31省市的行业发展数据，并与相关行业主管部门、协会、商会保持着良好的长期合作关系。

在服务行业主管部门方面，行业研究中心持续、多次受主管部门委托，为其提供政策、课题等多项研究服务，其中有代表性的是：连续14年撰写"工程勘察设计行业研究报告"；起草撰写工程勘察设计行业"十二五"、"十三五"、"十四五"发展规划；聚焦行业热点，围绕提升住宅设计品质、促进建筑设计行业地位提升等议题展开深度研究，为主管部门政策制定建言献策，为行业可持续健康发展积极贡献力量。此外，行业研究中心还先后受邀为北京、江苏、云南、武汉、杭州等地行业主管部门编写行业研究报告、中长期发展规划等。

在服务行业协会方面，行业研究中心多次为细分领域行业提供智力支持，其中包括连续6年为公路勘察设计协会撰写行业研究报告，连续5年为北京勘察设计协会撰写地方行业研究报告，还服务于江苏、新疆、青海等省份地方协会；自2015年开始，行业研究中心为不同地方协会提供定制化行业调研服务，关注区域发展特色以及行业市场变化，更好服务于区域内设计企业；新冠疫情暴发后，行业研究中心对接20多个地方协会推进"疫情对工程勘察设计行业发展影响"专题调研，回收问卷3000余份，为行业协会了解区域内的企业情况打下良好基础；双碳经济背景下，行业研究中心就设计行业的绿色低碳发展提出技术标准，比如为上海勘协起草编制《上海勘察设计行业低碳设计行动纲领》，并作为主编单位之一参与编制《上海勘察设计行业低碳设计团体标准》。

伴随工程勘察设计行业边界不断模糊，产业融合态势加剧，为持续引领带动行业发展，行业研究中心进一步拓展研究视野，从过去关注行业到关注设计产业，从立足城市发展方式转变，推动城市品质提升的视角看待如何真正发挥设计引领带动作用。

天强致力于推动武汉工程设计产业发展，2011 年，天强与武汉建委合作策划的"中国武汉工程设计产业联盟"组建方案正式落地；2015 年，为支持武汉申报联合国教科文组织创意城市网络"设计之都"，双方再次筹划、联合筹组"武汉设计之都促进中心"，并于 2016 年完成组建。行业研究中心全过程参与并服务武汉"设计之都"打造，助力武汉工程设计产业高质量发展。编制武汉工程设计产业联盟组建方案并推进实施落地，开展武汉"综合设计"服务模式研究以及重点案例梳理，编制《2016 年武汉市工程设计产业发展白皮书》、《武汉市设计产业"十三五"规划》、《武汉工程设计产业发展蓝皮书》(编制中)。

为推进上海世界一流"设计之都"建设，杨浦提出了全力打造创意设计千亿级产业集群，构建上海"设计之都"核心功能区的目标。行业研究中心对接杨浦区发改委、区科委、区统计局、区规划局等不同主管部门，推进"环同济—杨浦设计产业发展指数报告暨白皮书"、"数字经济背景下杨浦区促进现代设计产业发展"、"促进杨浦区现代设计产业与数字经济融合发展研究"等一系列课题，为杨浦区推动创意设计产业打造千亿级产业集群贡献力量。此外，行业研究中心还服务于深圳市前海自贸区、重庆沙坪坝区等地方主管部门，为设计相关产业制定发展规划以及实施工作方案。

2024年，天强正式推出《天强洞察——工程咨询设计行业发展研究报告（2023—2024）》。过去行业研究中心受行业协会委托，连续出了十四年的行业年度报告，接下来，我们希望借由新策划的内容，能更独立、深入地分析呈现行业的现状、重点企业的发展变化，以及未来的市场空间等，为行业企业新形势的发展应对提供参考。

城市发展进入新阶段，更加强调高质量、可持续，未来城市发展是"产—城—人"的融合，即可持续战略导向下的"产业＋空间＋服务"。在外部专家的助力下，天强行业研究中心升级成为天强设计产业创新发展研究院，从原来关注工程勘察设计行业向关注现代设计产业拓展，发挥"民间智库"的力量，与行业企业共同助力城市升级发展。

06 从观察者到参与者

对于大众而言，勘察设计行业是一个小众领域，规模小、存在感低，这几年关于行业的讨论却不断冲上网络热搜，比如"设计院为什么像快倒闭一样"、"一位建筑设计师，因难以忍受长时间加班，离职后选择了'解决住宿且薪资不低于设计师'的保安工作"……十年前，高校毕业生追逐的"香饽饽"，在网上陷入了负面的漩涡。

在网络上，被大众所关注的是建筑设计类企业。工程勘察设计行业有21个细分行业，建筑设计是其中之一。从研究的角度，通常将行业划分为工程勘察、工业工程设计、交通设计、市政设计、建筑设计、专项设计和其他类七大类别。我国勘察设计行业起步于建国之初，适应当时的社会管理体系需要进行了架构的组建和业务的运作，是一个典型的计划经济时代产物。

回首勘察设计企业走过的改革历程，本质上是逐步走向市场化的过程，是为了适应市场环境变化而进行的变革提升过程。

2001 年，天强决定以改制为专业方向后逐渐切入行业，为业内企业提供改制咨询或改革之后企业的建章立制服务。例如中冶集团武汉钢铁设计院（中冶南方前身）是我们早期服务过的一家代表性客户。当时，我们对整个行业运作的特点、业务特点了解并不多。

之所以行业企业会有改制需要是因为，1999 年 12 月 18 日，国务院办公厅以国办发［1999］101 号文转发了建设部、国家计委、国家经贸委、财政部、劳动保障部和中编办《关于工程勘察设计单位体制改革的若干意见》。明确全面推进勘察设计单位的改革，建立符合社会主义市场经济要求的勘察设计咨询业管理体制和运行机制。要求勘察设计单位由现行的事业科技型企业，参照国际通行的工程公司、工程咨询设计公司、设计事务所、岩土工程公司等模式进行改造，并分别对国有大型勘察设计单位、中小型勘察设计单位的体制改革提出了具体的指导意见。101 号文的发布，标志着行业进入了全面改革发展的阶段。在建设部积极推动下，各地主管部门根据本地特点，积极制定操作性强的深化改革指导意见和配套政策，从面上推动了中小型勘察设计单位的政企建制。

随着体制改革的推进，行业发展进入市场化阶段，业内企业探索建立现代化企业管理制度，关注企业的产权制度变革，以及企业管理制度的建立。

2006 年中国设计市场全面对外开放，中外合资的勘察设计机构、外资独资的工程公司或咨询公司也逐步进入。一年后，建筑设计行业先后发生了几次大的外资并购事件，先是加拿大宝佳国际集团完成对中国建华设计院的收购，后是澳大利亚五河国际集团并购收购华特设计院，再是 AECOM 集团先后收购西北市政设计院与深圳市城脉建筑设计院有限公司。整个行业的所有制结构、组织模式、管理方式呈现出多元化的格局。

同时，随着改革的进一步深入，企业在创新发展方面也做了诸多探索和尝试。工程建设模式也更加多样化，不断推进业务模式的创新发展，大力推进项目代建制、项目管理、工程总承包等业务。

天强通过为行业内企业推进体制改革服务，逐渐专注于服务企业的内部管理咨询服务。业内企业进入规模化扩张阶段，业务更加多元化，企业更多关注服务领域、市场领域的扩张，在经历了市场化发展阶段之后，企业关注的要点在于组织模式的调整以支撑业务快速增长的需要，人员的有效激励，产值分配考核的设置等。天强为企业提供服务的过程，也是我们深入学习、了解行业的机会。在改制、管理之外，天强开始关注、研究业内企业的业务发展情况。

伴随着国家经济建设的发展，行业呈现出规模化、高速增长的发展状态。2008 年 9 月，国际金融危机全面爆发，中国政府于 2008 年 11 月推出了进一步扩大内需、促进经济平稳较快增长的十大措施。该措施的实施带来固定资产投资快速增长，到 2010 年底约投资了 4 万亿，也进一步推动了行业的快速增长。这一时期，行业年均复合增长率达到了 34%，整个行业营收从 1999 年的 361 亿元增加到 2011 年的 12915 亿元，进入了万亿时代。

深入了解行业发展之后，我们面临着如何更好地为行业提供服务的问题？除了管理咨询服务的开展，我们想进一步传递自身对于行业企业变革转型的理念与思考。我在一篇名为《转型·变革·创新——勘察设计单位应对"冬天"的生存发展之道》的文章中写道：以巨额资产投资为主要手段的刺激经济的政策对于金融危机后的行业无疑是"冬天里的一把火"，将给行业短期的发展注入巨大的推动力量。但是，从行业长远理性发展的角度看，这种靠"大干快上"式、"钢筋混凝土"式取得的"发展"必然不是我国可持续的发展模式。相应地，这次"四万亿"对勘察设计行业来说，是把巨大的"双刃剑"：一方面确实会给行业带来巨大的市场机会；另一方面，毕竟是"急救式"做法，是"治标"，是对未来的"透支"，其后发酵的负面效果，将要通过更长的时间来消化。

2010年，天强成立了工程咨询设计行业研究中心，定位为"引领行业思考"，希望通过一些前瞻性的研究内容，包括整个行业的发展趋势，行业发展的内在特点等，对企业发展带来启发。

与此同时，已经连续举办了四届的思翔院长论坛在思想碰撞、理念引领等方面逐渐受到大家的认可和鼓励，但也夹杂着一些质疑的声音，不少参与活动的企业家对我们不管细分行业、不管所有制、不管区域的"大杂烩"交流表示很不习惯，在他们的认知里，建筑院就应该和建筑院一起交流。但我们坚持认为条块分割本身就代表着传统和落后，行业、企业都需要跨领域交流、对接，并将这种民间、开放、价值的圆桌交流形式保持下来。

天强就此形成了以国企改革与工程勘察设计行业变革为核心的两大服务品牌，并在此基础上确定了四大业务体系。

2013年，11月9—12日，党的十八届三中全会召开，会议审议通过了《中共中央关于全面深化改革若干重大问题的决定》，开启了全面深化改革、系统整体设计推进改革的新时代。

2013年12月，天强策划组织了第一届行业年度峰会，我在主题演讲中谈到，"种种迹象表明，设计行业的发展已经跨越了原有的竞争规律、原有的成功要素、原有的发展规律，将进入新的时期、新的阶段。在这个背景下，研究与探求竞争力问题可能才是问题的本源。设计企业的竞争力提升需要从理念、思维、模式、产品、执行等五个方面协同发力，真正做到'五位一体'推进。只有如此，才能有效应对剧烈变化的市场环境，跨越发展的困境，积蓄持续发展的力量，有效推动自身的转型升级"。

随着商业生态环境的变化，业内企业在商业模式创新方面探索加快，带来了资源整合的要求。为服务于客户需要，天强也加快了转型升级步伐，立足于成为平台型专业服务机构，以平台创造构建行业新的生态链、价值链，聚合凝集行业力量，为企业的变革转型提供多元化服务。比如以"思翔公社"为重要载体，构建线上、线下多层次交流活动，促进社员企业的思想交流与资源对接，促进社员企业与产业相关机构的对接交流，深化业务与项目合作，打造发展共同体。

行业改革加速推进。身处互联网信息时代，大数据的兴起，平台化战略的推进，信息技术的迅猛发展，为业内企业的创新探索带来新的发展机遇，也带来相应的挑战。

市场监管方面，随着国家持续转变政府职能，行业主管部门对跨省承揽业务的监管理念发生改变，由"重审批，轻监管"转变为"淡化前置管理，重视事中和事后监管"。市场准入的"双轨制"在向淡化企业资质，强化个人资质方面改革。

2017年，2月21日，国务院办公厅发布《关于促进建筑业持续健康发展的意见》（国办发〔2017〕19号）。重点强调建筑业推进以下改革措施：完善招标投标制度；加快推行工程总承包；建立统一开放市场；加强承包履约管理；规范工程价款结算；推进 BIM 的集成应用等，旨在打破区域市场壁垒，构建统一开放市场，打破"招投标一刀切"，倡导 EPC 模式和全过程一体化工程咨询，加速产业现代化，推动建筑企业走出去并逐步进入项目融资、设计咨询与运营维护等高附加值领域，真正实现"中国建造"。

受外部商业环境的变化，市场监管制度的调整，投融资体制机制改革，行业发展面临很多新问题。我在多个场合提出，行业发展正在经历着突围之痛，新经济、新生态、新城市、新基建，对企业而言，既是挑战也是机遇，企业要应对新时期复杂的商业生态，唯有变革转型。在"中州论道 2019 思翔院长论坛"上，我第一次提出新价值主张下企业发展困境的突破口——场景创新与精益运营。"需求即场景，场景创新是指洞察并挖掘客户隐性需求，构建以客户与用户的显性需求和隐性需求为核心的技术与服务应用情景，重新定义产品与服务，提供个性化服务，重新建立设计企业与用户之间、与产业之间、与其他商业生态之间的联系，从而实现商业模式创新，重构生产力，激发设计价值的最大化"。

有一次会议结束后，有人走上前，告诉我他是第十七次听我的报告，感觉受益很多。但也是在那两年，大家调侃我贩卖焦虑。在参加一个会议时，有人半开玩笑跟我说"不转型，我们日子好得很"。确实，他们是活得挺好的，因为支撑行业发展的是固定资产投资，尤其是有垄断资源的单位，不转型也能过好日子。但也有企业在活得好时，没有提前布局，错失了转型的机会，"靠运气赚的钱，靠实力渐渐还了回去"。

2019 年 12 月底发布的《房屋建筑和市政基础设施项目工程总承包管理办法的通知》明确了"双资质"要求后，引发了业内对于设计企业在工程建设产业链上的主导地位、引领作用的疑惑与思考。

2020年新冠疫情暴发，一开始仅是带来工作开展上的影响，比如不能复工、不能正常提供现场服务，生产能力受到抑制等。三年之后，被疫情延缓的冲击，一一浮现，企业的生存挑战更加艰巨。而国内产能过剩更加剧了市场竞争。

在新的发展生态下，企业创新探索步伐在加快，同时创新的力度和深度与以往相比有比较大的突破，从过去的以设计为主业到以设计为核心进行延展再到重新定义设计的价值，重新界定发展的要素、重新明晰发展的逻辑、重构商业模式和服务模式。随着外在环境不确定性不断增加，行业进一步分化、衍生出更加多元化的企业生存形态，出现平台公司、城市服务公司、科技公司、产业策划公司、设计工厂、工程公司、综合方案解决商等发展新形态。

天强对原有的服务体系进行重构，坚持生态化的发展战略，为设计企业发展提供生态化、数智化服务。坚持优化完善行业平台功能服务，持续迭代深耕产业的优势，创新资源整合服务，打造服务生态价值网络，为企业生态化发展提供资源整合与对接服务，提供一站式解决方案，助力客户可持续发展转型。聚焦数智化发展，积极对接数字生态企业，创新合作模式，共同探索管理数字化及数字化业务产品开发。

陪伴行业发展多年，我们一直在感知行业的变化和发展，并不断探寻行业可持续发展的理念和路径。伴随着行业的市场化改革推进，天强服务理念逐渐深化，服务内容不断拓展，服务模式更加多元，从参与体制改革到理顺发展体系，从搭建平台到助力转型创新……天强逐渐从行业的观察者发展成为行业发展的参与者，希望未来能够继续与行业同行，为其发展助力。

我与行研的故事

陈淑英｜天强管理顾问　总经理助理

　　我与天强的故事开始于 2011 年，是一场机缘巧合下的双向选择。

　　我研究生毕业于东华大学，这是一所纺织经济很强的院校，所以我在研究生期间负责了很多相关课题，由此形成了一定的研究方法论。再加上我自身对研究性工作的兴趣，我当时的求职方向就偏向智库、咨询公司一类。天强是我面试的第一家公司，当时的天强成立行业研究中心才不到一年，因此急需研究型人才，我也是在这样的机缘下成为新入职员工中唯一一位从事行研方向的。我与行研的故事就开始于这里。

　　从一步步建立到确定航向，行研的起步并不是一帆风顺的。刚刚入职时，我就面临了负责人因故缺位、"百废待兴"的情况，但当时行研的基本方向框架已经搭建好了，只是具体工作没有展开。于是，我就从最基础的数据库、政策库搭建开始做起，这也是一项十分庞杂的工作。现在回头看，正是这项最基础的工作让我对勘察设计行业有了初步认知和了解，并为我之后更深层次的研究打下了基础。

　　基础研究步入正轨没多久，行业研究部门又出现了密集的管理层变动，不到一年里几位负责人都陆续离职了。作为唯一一个行研方向的员工，我当时也难免会有一种孤独感。但是，由于我自身对从事研究工作的信念以及上层的信任与重视，我还是坚持了下来。我记得几位负责人在离职前都找我谈话，肯定了我的价值，也表达了对我未来的期许，他们的信任与鼓励让我感到自己被看见、被重视，就像是吃下一颗"定心丸"。如今再回首，我很感激当时的自己顶住了压力守在原地，因为正是这份压力让我成为一个能沉下心做事的、有韧性的人。

我还记得2011年的一个周末，我突然接到了一通陌生电话，原来是李总叫我去和他一起讨论与中设协合作的行业研究报告课题工作。公司决定让当时的李渊副总兼任行业研究负责人的角色，这不仅让我感受到上层对行研的重视，也让我在之后的成长过程中受益匪浅。李总从事咨询工作多年，让我学会从企业的角度多维思考问题，对我强化行业深度研究起到了非常关键的作用。这一阶段，我的主要工作任务也从智库建设逐渐转向了来自行业主管部门的课题任务。然而，尽管已经形成了一些基本的方法策略，但我们仍然处于部门发展的初级阶段，当时面临的一个重大问题是未来的行业研究作为智库要持续研究什么，如何把行业发展过程中复杂、庞大的发展指引落实到具体的研究工作中。行业研究部门的发展开始步入明晰定位的阶段。

李总提出，团队内部按细分行业去分工，做深入研究。但在一年的课题研究之后，我并不认可这种"券商模式"的研究方式，因为缺乏明确的目标性和指向性，且难以把控。当时公司领导层也非常关注行研的发展，并希望我们参与行研工作的人都能够提出未来行研发展的建议，入职一年，作为全职深入参与行研的工作人员，我表达了自己对这一年来行研发展情况的看法——研究内容太空泛，有点像空中楼阁，研究无法持续和积累。后来，祝总提出行业研究要调整方向，将原有的研究框架明晰，形成一套工作机制。当时我们与西安分公司同事共同进行了多次讨论，最终得出的结论是一方面继续完善基础智库建设，另一方面按三大方向（工程勘察设计行业整体可持续发展研究、工程勘察设计企业竞争力研究、工程勘察设计企业管理创新研究）拆解专项研究，并通过思翔品牌活动积极对外输出。在这样的顶层设计下，在 2012 年底"天强的行业研究"才被真正界定清楚，找到了自己的定位。同时，我们也借助咨询人员和市场人员进行了大量调研，加大力度进行一手研究，以此为基石持续输出我们的观点，提升我们的品牌优势。

行研研究步入正轨后，也在风浪中砥砺前进着。2013 年十八届三中全会定下了深度变革转型的基调，4 万亿投资下行业的快速发展走向尾声，钢铁行业产能过剩、化工行业提前投资，天强服务的客户需求发生了较大变化。也是顺应这样的时代趋势，行业研究中心与管理咨询专业研究中心合并，改名为知识创新中心，意在向内与管理咨询相融合，为行业企业的转型发展提供智力服务。行业研究内容从原来以抢占市场为指向转为稳中求变，开始寻求研究方法的进一步突破。

面对外部大环境的"风起云涌"，公司内部良好的氛围为行研、也为我自己提供了可靠的避风港。我记得 2013 年行业年度峰会时，领导把上台汇报的机会交给了我，这是我第一次代表行研在公开场合做知识输出，我一直很担心会出差错。当时涛哥、老赵一遍遍帮助我过稿子，一直很耐心地指导我练习，给了我很多信心和鼓励。2014 年我休产假期间，祝总为我保留了职位，安排涛哥临时接替行研负责人，涛哥在此之前没有参与过行研的工作，这对他来说也是额外的负担，但他愿意帮我承担下来，把团队持续带下去。这些经历都让我感受到天强公司内部相互协作的氛围，周围的人都是善意满满地去帮助我做很多事情，带领我成长。

2016 年，公司进入深度变革期，知识创新中心在之前三年的课题积累之后，对外研究机制较为稳定，以"思翔院长论坛"为代表的三大活动内容输出基本固定，但由于本身不是产生经济效益的部门，在微妙的人事变动期，中心受到的质疑声逐渐变大。为了配合公司的平台化转型战略，并适应互联网经济下的企业发展，知识创新中心融合新媒体团队再次调整为产业服务团队，以更大规模承载更多业务，输出更加丰富的内容，也让行研的品牌形象更加坚韧。

除了原有的行业研究人员之外，我们还吸纳了一批城市建设、规划等领域的专业人才，行业研究不再是非盈利性部门，而是逐渐摸索到了属于它的盈利点。在这样的调整下，产业服务把行业研究的功能扩大化，有效地帮助公司度过了平台化转型危机。

2019 年，公司的平台化转型取得了一定的成果，为了保护行业研究自身独立性，行研从产业服务团队中被剥离出来，再次成为独立部门。

2023 年以来，行研部门被定为业务部门，现在我们的目标是业务化、市场化、产品化，希望能够不断拓展研究深度，跳出原有的经验化模式化思路，顺应用户的需求调整自身定位，不断与时俱进。

伴随行研部门发展的十余年，也是我个人不断受益、成长的过程，而最大的收获可以用一个词来概括——开放。如今我在天强从事人员管理、活动策划、媒体统筹等不同类别的工作，但无论是撰写研究报告过程中的归纳演绎能力，还是思考问题时的全局性思维、管理团队时的管理能力都为我的个人发展奠定了基础，也为我的跨部门、跨专业成长开拓了更多可能性。

回首是峥嵘过去，前路是无限可能。未来，我希望行业研究部门能以行业智库的角色，引领前瞻性思考，不仅能预判发展危机，也能提出相应的应对策略，无论是面向政府、面向行业组织还是面向企业，在不同的层面都能发挥它应有的作用，坚持以独立第三方的身份助力行业发展。

第五章

平台化战略

处在经济转轨大背景下的中国企业，无论是国有还是民营，都面临着企业发展内在机理的不断探索与升级，其中必然经历无数次的自我否定、自我突破，从而持续突围。

01 直面持续发展问题

2013 年元旦之后，时任苏交科副总裁朱晓宁第一次约我见面沟通。交流中，他对天强在行业内搭建的交流平台、形成的广泛链接能力和资源价值表示认可，提出愿与天强在股权方面有进一步的合作。

后来，天强和苏交科开展了多方面的咨询合作，我和晓宁总也有了多次的深入互动，再说起第一次见面的谈话，晓宁总很不好意思。

事实上，当时他的这些话给我很大的触动。一方面，我们作为一家管理咨询机构，听到这样的话还是挺受刺激的，那种感觉就好像一个人一直觉得自己学习挺好的，但忽然有一天别人讲，实际上你学习也就那么回事，我看中的是你的体育特长；另一方面，和晓宁总一样，当时很多咨询老客户通过参加天强组织的论坛活动认识了一些"一直想结识"的人，并积极进行对接、合作，他们看到了天强在行业与行业之间、企业与企业之间发挥的桥梁价值，认为天强可以做很多链接的事情。

与此同时，企业对于管理咨询的需求服务从建章立制、构建管理体系的初级阶段进入到切实解决问题的价值需求阶段。在这一阶段，相当多企业的整体规模、实力、能力明显提升，管理水平也不断改进，企业获得最新管理理念、方法的渠道越来越多元，内部管理功能的设置越来越完善，对自身管理问题的认知也逐渐深刻，更加需要管理咨询服务提供多元化、系统性的价值服务。

而天强原有的咨询业务在 2011 年拓展延伸出并购和培训业务后，整体做得不温不火，需要能力上的突破和提升。深入思考后，我认为公司业务体系中的问题总体体现如下：

第一，公司现有业务体系基本上成形于 2004 年，并且带有改制咨询的痕迹；

第二，公司现有的业务模式，带有作坊式、承包制的痕迹，一件工作的成效取决于个人的能力和责任心，组织化的能力不足；

第三，公司现有业务体系与公司未来希望坚持的服务理念以及正在探索的 RCA（research 研发；consulting 咨询；assemble 集成）模式要求不相符；

第四，公司现有的业务很难支撑为客户提供持续的价值创造，为员工提供有效的成长渠道。

对于未来业务架构的要求，我希望能够适应市场及客户需求的要求；适应公司业务模式转型的要求；适应公司人员成长与发展的需要；着力发挥现有人员，帮助现有人员突破提升，凝聚更多人才加入，打造造就人才的平台。

业务核心能力是企业持续发展的关键。业务体系在未来要求与当前发展中已经呈现出三个错位：公司价值与服务产品的错位，咨询服务是主业，但是价值已经不完全在咨询服务；我们着力于拓展的资源能力与公司的品牌展现出现错位；公司的服务理念与实际工作操作的错位。

唯有推进变革，才能解决人才的持续提升，解决客户价值的持续创造，解决公司持续发展的问题。

02 "我们不做专家，我们来干嘛？"

业务转型是企业转型的先导。智力服务机构要真正构建以客户为需求的业务模式，从适应市场到引领市场，进而创造市场。

立足于客户的内在需求及公司的战略定位，天强从顶层设计入手，力图构建富有竞争力的业务框架和体系。在思考谋划中，新业务架构定位是全过程服务——从研发、市场开拓、咨询服务、业务集成等体系明确导向；其业务关键点是客户需求框架图、咨询思路图、服务内容框架图。

新的业务体系构建，核心在"人"。公司提出，立足于理念、体系、机制进行完善，让每个人发挥出自己的特长，而非粗放的"责任制"；立足于集成梳理和整个业务各环节、各线条的关系；立足于人员能力的提升，进行开放式的资源整合，尤其是骨干人员提升；倡导和构建基于客户、员工、团队、创新、成长的价值理念。

在新业务架构的实施策略上，重点是明确方向和导向，对于关键点，需要讲究速度，对于非关键的问题，可以结合大家的理解和认识转型，循序推进；必须构建鼓励人、发展人的氛围；允许和容忍大家的纠结和试错，充分尊重每一位为天强曾经付出的人员。

此次变革，计划于2012年下半年解决关键环节，明确导向，2013年开始全面推行。

2012年7月，公司半年度会议，我在会上提出了一个重要观点——我们要摒弃专家思维。随着市场化的逐步深入，很多企业面临的问题更加复杂，单纯靠天强自身已经不能解决，管理咨询专家的服务逻辑无法持续为客户提供有价值的服务，希望内部人员不要把自己定位成专家，更不要自诩为专家。我们要成为一个资源的对接者，既是为客户与客户之间提供链接，也是我们从客户那里学习融入的契机。

这是一次认知上的大转折。在我国，管理咨询企业最初发起于高校背景下的一些机构，这些机构有些是依托高校直接开办，有些是由高校管理学院教授私下开办，在大家的概念里，管理咨询从业者是老师，是教授，是站在高处为大家"指点迷津"的。而现在我们要走下台阶，认识到自己并不比客户高明，仅是因为角色、角度不一样，作为一家专业服务机构，我们需要对接各方面的资源，满足客户在"方案、报告"之外新的需求。

这些在如今看来理所当然的观点，在当时是一件极难的认知转变。半年度会议结束，有人讲，"我们不做专家，我们来干嘛？"

虽有质疑，但是推动变革的决心丝毫没有动摇。我清楚公司现在所处的"位置"，更清楚这次变革将要带我们去的"地方"。围绕"推动变革"与"资源集成"主题词，我梳理了这一轮公司变革框架的一些考虑：

以"理念共识、业务架构、组织体系、制度机制"为框架，以在过去基础上的深化与升华为定位，以公司经营管理理念与制度政策体系革新为主线，改变任务导向，强化经营导向；弱化控制，强化发展引导；

改变道德评判，强化制度约束；

改变情感留人，确立和强化制度、事业留人；

改变强职能式地管理人，建立公平的人员发展平台；

推进网络式、团组化组织体系，职能制与网络式并举的指导思想下，公司框架变革的操作要点是，管理岗位竞聘上岗，设立专班研究制度机制，放大前台人员收入弹性，构建制度化、流程化平台，强化价值观引领；

作为团队中的一员，我也是这次变革中的一员，我对自己提出的改变是"以伙伴式思维面对工作"。

03 "变"起来

击鼓催征。2013 年年初，天强正式推出平台化转型战略。对于平台型机构的理解包括以下五个方面：

第一，服务的方式与内容更为多元与多样，不拘泥于传统的咨询服务方式，要强调整合与集成，专业与专注；

第二，与客户的关系，不是简单的甲乙方关系，更应该是伙伴关系。在专业提升方面，不是简单地提供与接收的关系，而是要能够把客户的探索、实践与思考融入到公司的专业提升中去；

第三，公司必须构建强大资源整合能力，把各种社会有效资源整合好，既要做到资源提供者的利益得到保证，又要能够对被整合的资源进行有效的集成，服务于客户；

第四，公司需要重构服务的内容体系及工作体系，真正突出以创造价值为主线，明晰客户需求满足的层次及深度，改变过于僵化的模块化工作体系；

第五，公司的人才中，能够把握与推进客户需求界定，并进而整合资源满足客户的人员将是公司的骨干团队、最具价值的人才。

经过一年的酝酿、准备，天强就此告别过去，向着平台化战略出发。当时，公司变革已经完成了框架方案及初步宣贯，接下来面临全面的宣贯共识、流程设计、机制设计，在此过程中，完成人员的逐步到位到岗，并通过文化讨论，实现价值观的革新，最终通过制度的形式固化。在变革推进完成后，进入实施效果监控及定期的改进优化，完成过渡阶段的评估，走向目标阶段。

这是一个跨越三年的循环过程。

考虑清楚这些后，我给公司全体同仁写了一封公开信，将此次变革的目的、意义、要点等悉数呈现，这是一次关系全员的变革，也是一次公司发展过程中的关键跃升。

【变革日记】

2013 年 2 月凌晨

关于推进公司变革致全体同仁公开信

积聚团队成长与个人突破的理性力量

前几日的年会上，公司进一步推进变革工作的框架已经和与会人员进行了介绍和沟通，这几日，各部门、区域公司都组织了各种形式的交流和讨论。总体上感觉大家对于本次变革的方向是基本认同的，公司的绝大多数同仁希望通过有关方面的优化，来实现自身的提升与成长，这是值得欣喜的。

公司本次变革是秉承"为客户创造可感知价值、为员工打造更好的发展平台"的宗旨开展的，是在过去三年公司变革与发展的基础上，基于外部市场需求发生剧烈变化的背景下开展的。本次变革不仅仅是公司寻求成长与发展的需要，从某种意义上讲，是公司能够有尊严生存的需要！

本次变革是公司能力体系的再造与升级，绝不仅仅是组织架构的调整和人员安排的重新组合，而是要整合、集成出新的能力、新的素质！也正因为如此，本次变革的最大风险是"新瓶装旧酒"！为此我们每一位同仁都应该走出原有的思维习惯，站在更高、更远的层面审视自我、提升自我。我们每一位同仁需要真正理解每一个部门、每一个区域公司、每一个岗位的真正内涵与使命，不应该简单地用过去的习惯认识去感知变化。当然，在这过程中，公司充分理解大家有一个接受和理解的过程，也会留出一定的时间，让一些岗位有必要的过渡期。

变革的核心是思维习惯的改变，是群体心智模式的改变。变革从某种意义上讲，是游戏规则的改变，因此，对于很多人而言，会有一种不适应、甚至是不安全感，本质上是面临着习惯改变带来的压力。这些都可以理解，但希望大家都能够迅速地跨过怀疑、审视的阶段，去投身于这种变化、这种变革。有理由相信，投身于一场有价值的变革，收获的不仅仅是共同创造了一种与时俱进、富有生命力的工作氛围与机制体系，更有自身认识的提升与升华。希望每一位同仁能够以一种积极的、富有建设性的态度来投身并共同推动本次的变革！

本次公司变革是异常复杂的系统工程，基本上涉及了公司业务运作的所有方面，我们面临着一系列的新的工作需要设计和界定，面临着所有的流程需要重新定义，面临着所有的机制需要调整或完善，面临着所有的公司制度需要重新修订。这些工作我们希望快一些，但是无论如何都会有一个过程，并且我们深知"欲速则不达"。但是有些工作还必须尽快推进，并且有些新界定的工作在推进的过程中，积累的一些经验和教训，又可以很好地完善相应的流程和机制。为此，希望大家能够对这些问题能够有个理性的态度，真正一同携手、共同面对！

本次变革的焦点内容是基于公司业务模式、客户服务模式的调整，由此带来的结构与机制的变化。从这个意义上来讲，公司是想寻求一种破解传统业务模式瓶颈的可持续发展模式。这种转型与跨越，带来的绝不仅仅是公司效率与效益的提升，有理由相信，本轮变革的成功推进，必将带来公司"品质与层面"的提升。在此过程中，每位同仁保持着开放向上、创新求实的激情与执着，则显得非常有必要，也只有如此，才能保证本次变革目标的逐步达成。

变革过程中，会出现很多新的矛盾，甚至会造成"旧的矛盾没有解决、新的矛盾又出来"的困境。对此，我们全体同仁要有必要的思想准备，并且能够以积极的心态去应对，切忌不负责任地互相埋怨、抱怨。团队内的平等、尊重、信任始终是我们的追求。

变革的实施推进工作已经启动。"开弓没有回头箭"，希望每一位同仁能够自省吾身、汇集智慧、携手前行、勇于担当，成就我们共同的平台，在此过程中成就着我们每个人职业的高度！

作为本次变革的发起者，在前期策划方案的过程中，已经时时感受到天强人寻求突破的激情与智慧。接下来的实施，则需要我们全体天强人拿出执着与勇气！

在变革策划之初，我就和初期参与的一些同仁们约定：我们做的这件事情，是为了让优秀的人才有更大、更宽广的发展平台和机会，是为了寻找天强的未来，为此，推进变革对于我们而言，绝不仅仅是一件任务，而是一份责任、一种使命。这个认识，始终不变！

期待着我们共同创造着一种崭新的、富有生命力的新环境、新氛围、新活力、新未来！

以此与大家沟通，并共勉！欢迎大家评论或讨论。

04 新启征程，重塑之痛

2013 年，为了更好地满足公司发展需要，天强正式乔迁创智天地广场。实际上，搬到这里很是偶然。当时我们已经在旧址附近看好了一处新开盘的办公楼，即将签约。有一次，和一位在杨浦工作的朋友见面，他推荐我到创智天地看看。在朋友的热情推荐下，我安排同事先来看看情况。同事电话讲，这里除了地理位置稍微偏一些，总体很值得考虑，而且有一个大露台，非常敞亮。我出差回沪，专门过来了一趟，也觉得很满意，尤其是创智天地作为一个知识创新园区，汇聚了一批优秀的国际公司。

回想上一次天强搬迁是在 2010 年，公司从创业时的浦东江苏大厦搬到了浦西的盛邦国际大厦。江苏大厦的办公楼格局比较陈旧，不是一般写字楼的那种大开间，公司内部只能一间一间分开，人员规模上去后，显得有些局促。当时还有一个非常重要的考虑，虽然浦东非常现代化，目之所及景色很好，但总有一种"好像不是在上海"的强烈感觉。因此，在选取新址时，内部开玩笑讲"要融入上海"，所以在浦西找了几个地方，最终确定在盛邦国际大厦，这个楼盘是地铁上修建的建筑，又毗邻上海的老商业街，符合了我们当时的期待。

盛邦国际大厦是 2009 年启用的，2008 年金融危机后，原来的开发商资金困难，难以为继，这栋建筑由新的开发商接盘，进行改造。我们是第一批入驻的企业，真正办公使用后，并不如意，尤其是停车，非常麻烦。加之那几年，公司已经在酝酿很多新业务，也在为整体推进变革做准备，就想重新换个地方。

从浦东到浦西，从盛邦国际大厦再到创智天地广场，办公地址的变迁也见证着天强自身寻求改变和突破的历程。尤其是入驻创智天地，对天强而言，既是一次新环境的融入，也是一次变革新篇章的开启。

只是，这次"出海"，我们未曾预料会有如此大的"风浪"。

开完 2013 年半年度会议，突然感觉到人像被掏空一样。下车后，我没有直接回家，带着无比低落的情绪坐在小区的石凳上发呆。变革刚刚启程，却已有搁浅的风险。

前几日，为了给大家信心，避免相互间的抱怨，努力调整心情与心绪，认真思考准备专题会议及面向全体员工的发言，希望传递正能量，希望能把大家的心扭到一起，一起搏击风浪，一起驶向深蓝。

应该说，效果基本上达到了，但是如今转念一想，实际上很多的困难甚至困境依然存在。有了信心，不等于问题解决，何况信心是一种临时累积起来的策略性信心。

外部环境变迁带来新规则的挑战加剧，传统服务模式的价值创造衰退，客户的咨询服务价值诉求难以有效满足，而新业务开展需要的思维模式、能力体系尚未构建。最直接的体现就是，从年初至今，公司业务下滑的趋势没有遏制。

同时，企业变革是一个复杂的系统工程。变革转型是一种战略重塑，是业务逻辑的改变，是能力体系的提升，是企业价值创造与实现模式的再造，也是企业价值实现规律的转变以及业务、组织、资源、能力系统性重构的过程。

变革过程中，会出现很多新的矛盾，甚至会造成"旧的矛盾没有解决，新的矛盾又出来"进退维谷的局面。而其中最大的阻碍是对根深蒂固的思维模式的挑战。

"开弓没有回头箭"。在这样一个由项目式运作向平台型机构转型的过程中，也曾深感惶恐、混乱，甚至反思自己是否还能胜任？"公司的很多问题，根子出在领导班子，更进一步讲，是一把手。作为公司一把手的本人，应对公司发展的深层次问题负责"，我在2013 年 7 月 28 日凌晨这样写道。

2013 年是天强推进变革过程中非常重要的年份，也是我写日记最为频繁的一年。我甚至调侃 2013 年是我文笔进步最快的一年。

有时是对公司转型工作的整体考虑，"巩固组织变革、公司制度化管理的成果，进一步提升业务转型的成效，并逐步探索在能力提升、人才队伍提升革新方面的相关举措"；有时候是管理与变革的思考，"生存问题属于战术问题，而发展问题属于战略问题。解决生存问题必须刀下见菜，但要搞定发展问题则需要细水长流最后水到渠成"；还有时是给曲折的前行之路寻找一些力量，"没有礁石的阻挡，哪有浪花的激越，在人生的路上，我们要适应时时被挫折环伺，被失败包围。让我们越挫越勇，越败越强，只要不倒下不溃退，失败和挫折就如垫脚石，增加我的高度，厚重我的人生。"

而后来发生的事情证明，相比 2013 年变革推进中的重重矛盾，2016 年更是让公司陷入了生存危机。

【变革日记】

2013 年 2 月 18 日

战略不是一个 idear，而是一系列方向明确、层级明晰的共识与行动！战略是寻求与内外部环境适应的一种动态思考与行动！

变革不是组织与人事的调整，而是团队理念、思维、习惯的改变，是一种企业发展生态系统的改变！

考验变革推动的根本是智慧、勇气与韧性、耐心。设计变革的方案与步骤需要智慧，打破原有的习惯与做法需要勇气，构建新的体系、共识需要韧性，推动变革的过程、保证效果需要耐心！

传统企业的组织形态是层级式，工作推进是任务式，分工协作模式往往是线性或平行式。

需要构建集成式、层次式的体系，以客户价值创造为主线，构建人才成长平台。

变革是企业经营理念的调整，是企业生态的改变。

2013 年 3 月 6 日晚于丹阳

公司变革推进工作正式推动已经有一个多月的时间，过程中碰到很多的问题，核心在于新的工作关系要尽快建立，与此同时人员的观念、思维、习惯如何同步跟进进行转变。

在此过程中，不断有人希望力度更大些，有人则希望更缓和些。快与慢的核心不在于决心，而在于团队，尤其是团队中高层思维习惯的转变！

最难转变的思维习惯是任务导向、而非结果导向；是分工负责导向，而非协同提升导向；是权责划分导向，而非担当发展导向！

变革的实质不是简单的加法或减法，而是将现有工作打破、揉碎，然后按照新的架构进行重构！

2013 年 3 月 29 日　公司人员的发展理念

专业化是主线！

"为人才成长打造平台"、"让个人成为业绩与成长的主人"是两个基本理念！

基于专业化的要求，每个人员一定要厘清与发挥各自的特长、特色、特质！并在这些发挥过程中得到组织的有效理解、帮助与支持！

公司对于人才的使用需要是开放的，构建多层次的人员资源整合与使用的平台：全职员工、外部经济管理专家、行业专家、客户中的专家、离开公司的一些专才、外部独立咨询顾问等。

内部的组织一定要支撑人员的专业化发展。

知识中心在承担知识汇集与加工、分享的过程中，一定要紧紧切合个人技术专业化提升的要求。

2013 年 4 月 13 日　天强管理层培养与提升要点思考

明确岗位内涵、尽快角色到位，自我促进、规划与引领相关工作，把公司的核心价值观作为指导工作行为的指向。

天强管理者：勇于承担、敢于担当，成就他人、成就自我，管理者的力量来自胸怀、视野、原则性、组织认同。

管理者的言行，从某种意义上讲，比制度更重要。

工作规则：互相促进、互相补台，保持一颗年轻的心态、开放的心态，关心短期，更关心中长期，关注局部，更关心整体，关注事情，更关注人！

面临的挑战：超越责任心之上的团队引领能力！

各自担当，持续进步！

本人的成就感来自公司的发展、团队的进步！

2013 年 7 月 28 日凌晨　反思：自己是否还胜任？

公司的很多问题，根子出在领导班子，更进一步的是一把手。

作为公司一把手的本人，对公司发展的深层次问题负责。

公司的任务导向严重！

人员，尤其是管理层的薄弱！

对于一些存在问题的地方久拖不决！

我该怎么办？！

2013 年 11 月 4 日　变革之痛

变革的核心困难在于全体心智模式的改变！

变革的困难在于方案构想与实施推进很大程度的背离！——咨询公司的变革之难在于大家用论证的眼光来代替实践操作，点评多于行动；职业化的标签是给别人贴的，缺乏自省与自我审视的勇气！

推进天强进一步变革的核心在于：统一认识、行动推进、资源调整三位一体的协同开展，其间的规律不是简单的逻辑关系。

管理活动本质上是一种实践，因此从事理论、从事咨询必须调整好定位，否则没有价值可言。

对于天强的变革最难的是面临着自我封闭的心态、非职业化却沉迷其中的心态。

要明确内部的战略集权思路！

05　空气漩涡

空气漩涡无处不在。但当这些小漩涡逐渐扩大，上下激荡越发厉害，就会形成力量强大的龙卷风。

经过了三年的探索，公司驶向变革的航向越来越清晰，虽然也有一些客户的质疑，"凭什么是天强来整合我们"，但更多的收获是来自行业企业的多方肯定，"参加天强的活动，让我们能够看到全国各行业各设计院的总体趋势，其中有一些企业的做法，我们也可以去借鉴和学习，收获非常大""天强作为行业内最具影响力的非官方机构，其朋友圈能量、平台化资源非常丰富，我们和天强的合作是一种非常好的优势互补"。

这些无疑给了我们很大的信心和前行的力量。我积极构想2016年非常重要的工作是在前期的变革成效上，按计划对于服务产品进行策划制定、对于工作的方法论进行重新架构、对于工作模式进行重新定义、对于个人的价值进行重新明晰，公司整体会再上一个新台阶。

但与此同时，我感觉到公司内部尤其是部分骨干出现的思想波动——新的改变，大家适应起来比较难，矛盾积压多了，便把火力集中在对公司机制的质疑上。我提醒自己，"少一些自我陶醉，多一些对大家成长、发展的关心，关心大家的收入和生活，关心大家的健康与未来，让大家分享公司的发展利益，让大家切实体会到公司的关心和诚意"。

始料未及的是，2016年4月8日第一季度会议，公司内部矛盾进一步扩大并公开化。

会议结束后，我身心憔悴。从我的角度上来说，作为这次变革的发起者和推动者，我想确立的公司走向未来的运作逻辑和当下骨干人员的接受适应上起了冲突。从核心人员的角度，这可能是他们最后一次决心争取。我萌生出彻底退出天强的念头。

公司当前呈现出的危机是治理危机，是核心骨干团队危机！解决之道——

路径一：换总经理，相应的重新选聘所有中高层人员，并在现有公司架构基础上进行股权改造；

路径二：大量引进职业经理人，调整不合适的高层人员，在新的格局中进行洗牌；

路径三：放弃现有公司，另起炉灶构建新的公司，引进外部投资人，让内部人持股。按照上市法人方向走；

路径四：个人彻底退出现有公司。

接下来的一星期，我连续在外出差。虽然这样的出差节奏已经习以为常，但这样的时候，能够出差在外面，也是一种短暂的抽离，甚至是一种休憩。飞机起起落落，人群熙熙攘攘，一幕幕往事如电影般在眼前放映，不禁感慨：创业的过程是一场持久的生死战，也是一个孤独的旅程，身处人群中的孤独。

4月15日，我乘坐从北京回上海的高铁，第一次为自己定了商务座票，"反正公司都要关门了，享受一下吧"。

4月17日，我召集总监以上人员开了一次会，明确我对于天强当下的思考，再次强调公司战略、文化，也让大家进一步了解我自己、我对于天强的态度以及大家眼里"为什么我们要去折腾"背后的来龙去脉。

在公司高层震荡之时，三分之一的项目经理在此期间陆续离职，我对于公司危机的预判不断被证实且持续发酵。信任像气泡一样，在空中裂开。

那段时间，每次踏进办公室，我似乎都要为自己做一些心理建设。但理性告诉我，"对于天强的发展，我们都没有资格任性。有天强人这么多年的持续付出，有客户的信任，有社会各界的期待"。

我深知天强的危机之所在：天强时下最深刻的危机是转型的效果及团队能力的提升，前者的核心体现是重新定义咨询的服务价值、创新管理咨询服务模式，后者的核心是我们每一个人在破旧立新中，成就更完善的自我。

当下，内部主要存在三方面的矛盾。

第一，天强坚持的一些特殊理念与大部分管理咨询公司的"江湖习惯"之间的矛盾。天强在平台化战略的指引下，将各个团队定位于赋能共担、协作共生、专业职业的专业化团队，团组与团组之间是平等的。而在典型的咨询公司，内部人员管理比较简单，一切围绕项目展开，项目经理是内部生产人员，也是企业经营的主体，在产值分配的机制下会得到更好的待遇，且具有较高的地位，大家也会习惯上将业务之外的部门定位于后勤部门，是服务于项目人员的。

公司的坚持和导向，项目经理不理解，在他们看来，对比其他团队人员不创造产值，自己做项目对外承受了极大的压力，而且长期奔波非常辛苦，但是公司不是靠利益捆绑的分配机制，让他们觉得不清晰，也不公平。

同时，对于行业研究、新媒体等团队成员，他们虽然在对外品牌传递、活动组织执行等平台功能发挥方面付出很多，但在内部的组织氛围和日常运作中，他们自觉自己是天强的"非主流"，不仅缺少成熟的专业方法论指导，而且处于非常明显的从属地位。

第二，公司在变革推进中的长期投入与个体价值短期缺乏获得感之间的矛盾。整体层面，这场以"客户需求的价值导向"为方向的变革之路，涉及了公司的服务理念、文化理念、业务体系、组织体系、机制体系等各个方面，在由"线"性的服务架构向"立体化"

服务体系转型中，存在很多目前尚不能实现收入、长远确实必须要做的事情。

转型之路，并不平坦。天强对外面临商业环境变化，设计行业步入变革转型窗口期，设计企业为了应对挑战从而对咨询服务成效要求提升的局面，对内面临旧的服务模式已经终结、新的体系尚不明晰，以及在此过程中多次的探索与失败带来的成本投入上的客观境况。

个体层面，部分员工对于公司选择避开了一汪相对平静的池水，主动驶向一条湍急的河流持保留意见，而改变航线、遭遇风雨的过程不仅对变革推动者是一种自我折磨，对于执行、适应者而言更是一种相互折磨和焦灼不安。有人抱怨，"面对客户的压力，还没有面对内部管理要求的压力大"；有人用"专业顾问"的眼光诊断、审视公司碰到的管理运作上的问题，进而加入个人情感进行解读。

那几年，对于公司的抱怨往往很有"市场"，而且在一定范围内，一直持有这样反对态度的人员成为某种意义上的"民间英雄"，甚至个别已经离职的人员依然在网络上传递负面言论，进而再被内部的人员引用。

第三，变革过程中，不同群体间积累起来的工作矛盾。老员工与新进员工、项目骨干与普通成员、职能管理与业务、不同业务板块之间、总部与区域公司、区域公司与区域公司之间的工作逻辑冲突，一定程度上造成内部团队的割裂。其中，老员工寻求安全感、部分项目骨干希望更好体现多劳多得的诉求强烈。

为了终结这一轮危机，我以公司战略、文化为重点，进行了相关思考规划：强势终结公司发展核心矛盾，回归公司三年战略规划及公司年度核心主线，把公司的发展模式转型、团队能力提升作为当前的核心矛盾。深入反思公司的体系、模式、制度、文化、运作理念以及个人的价值理念，加大力度调整业务方向、业务模式，加快摒弃原有的项目组织模式，坚持有效地集成整合模式，因为很多问题恰恰表示着传统咨询模式的终结。同时，努力拯救已经遭到破坏的内部文化，以"职业化"重构内部工作关系，明确文化底线，用价值观筛选人、淘汰人，回归初心——"令人尊敬的公司"。

此外，调整个人的工作重心，以外部客户为重点，持续深入互动、交流。这是身处危机之中公司发展的需要，也是那个时期的我自己顶住压力继续向前的动力。

值得庆幸的是，虽然内部陷入混乱，但是涉及外部的事情还是持续在推进，留在公司的人，还是愿意投入且希望公司能够持续走下去的。而这从根本上稳住了公司的基本盘，空气漩涡渐渐降速，变革在新的路途中缓步推进。

2016 年，是天强复杂、动荡的一年。从消极的角度看，原有的运作基础彻底动摇！从理性的角度看，它是公司发展及我自己的转折点。我在整个危机中负有很大的责任。

也是从这一年起，我的心态彻底改变：在天强，我不是班主任，不是"秘书长"，虽然我本人一直不想做"老板"，想同舟共济，但我必须清醒意识到我是对企业发展负全部责任的总经理，我必须面对和享受独孤的一个人。世事往往难以遂人所愿，坚守初心是根本力量。

2017 年 9 月 9 日，天强十八周年，在黄浦江上组织了盛大的游艇派对，特邀嘉宾、表演艺术、颁奖活动……非常热闹，在我心里，那是天强的一场"成人礼"。

【变革日记】

2016年3月15日深夜

公司反映出来的各层面员工的问题，尤其是核心骨干层的问题，是目前公司发展危机的根本体现！

核心骨干层在工作反映出来的问题主要为这样几个方面：1.工作失去动力、激情；2.寻求的安全感难以得到保障，对过去的不理性怀念；3.在负面情绪方面相互串联、影响，不断放大负面情绪，更有甚者通过别人的口说自己想说的，或是通过说别人的问题反映自己的想法；4.苦恼于在公司运作中的参与感、重要感下降。

这一切的问题的深层次原因是：1.缺乏把控工作的能力，在工作中的成就感丧失，进而开始怨天尤人；2.对于公司战略方向的理解不到位，相关知识能力不具备，造成恐惧感；3.待遇及相关机制滞后、不够市场化。

这些问题的存在，直接影响到整个公司的氛围与文化，更影响到公司其他人员的发挥。

但是这些问题的存在是客观的，也是人性的自然表现。对于这个问题的解决之道思考——

1. 加强沟通，切实打消相关顾虑，并且在工作能力提升方面给予必要的帮助；

2. 进一步共识战略，明确公司发展的阶段性目标与要点，同时明确作为一个职业人的底线与基本准则，任何岗位的人员不可逾越；

3. 构建公司规范的信息沟通与各层人员（包括高层）的学习机制；

4. 对于在公司服务到一定年限的人员，设计适当的退出机制，对于再求职的给予一定的帮助，对创业进行辅导与适度投资帮助；

5. 加强职业化培训、完善职业辅导体系。

2016 年 7 月 13 日　天强的根基险些埋葬在这个春天里

每个人在文化价值观方面没有例外。

管理者的责任与担当。

天强管理上的问题在于战略思考与共识深度不够，部分管理层战略思考能力有限。从而导致战略与执行脱节，难以落地。

对于问题的判断缺乏合理框架，很多时候是文过饰非，不求甚解。

公司的几个基本准则：

管理的具体工作、流程性工作能到中层尽量到中层。决策性、重大协调型、战略性任务推进在高层；

公司的工作架构划分为三层次：业务、业务保障、职能支撑。

2016 年 10 月 10 日下午　对于公司人员集中离职的理性思考

理性、冷静。

以此为契机进行必要的内部调整，促进人才结构优化、业务调整、公司组织架构调整，进而加快推进转型。

从深层次看，反映了公司管理运作上的一些问题，超脱一些看，也是公司周期性必然会面临的问题。人员的非预期性的集中离职，是公司体制、机制、文化、能力等不适应时代的表现。

再往深里说是公司适应市场调整过程中出现的内部积累矛盾的显现。

公司的转型已然在路上，公司的深度调整也在计划中，趁此机会推进，抓住这个时间窗口。重点在价值观遴选、人才专业结构、人员评价使用、激励体系等方面进行深刻地反思。

在公司内部对于人员离职的公开态度——祝福所有离开公司人员，尤其是在天强发挥过作用、作出过贡献的人员，他们离开天强后个人发展得好，在一定程度上也是反映了在天强职业生涯的成功。纵然有发挥使用方面的问题，便于我们事后去总结、反思，也是一种非常重要的财富。

离开公司的员工有良好的发展，是公司的成功体现！

2016 年 11 月 26 日晚　告别 2016 年的点滴思考

2016 年，对于天强公司的发展轨迹、发展思路、发展理念都将会是非常重要的一年，其中有太多的纠结、太多的彷徨、太多的苦痛，更有领悟、收获、升华！

2016 年的天强，面对着外部客户需求的剧烈变化、推进三年变革积累的诸多矛盾、转型中的资源能力匹配等问题，发生了一系列看似偶然、却也是必然的事件，在每一个具体事件面前，都会有烦恼、甚至是苦闷。在此过程中，不断思考市场环境的变化、客户需求的变化、就业市场的变化、员工诉求的变化，在思考这些变化过程中，脚步并不停止地思考公司的战略适应性、资源匹配性、创新支撑性等一系列问题。

基本上这就是 2016 年我与天强的喜怒哀乐！

06　走过的路，要用未来去诠释其意义

2019 年 8 月 28 日凌晨，车子在去往南京机场的高速路上疾驰，一路向前，车窗外的路灯在明暗之间交错，不断后退，像是天强的当下，从历史中走来，在前行中蜕变。

公司成立初期，我坚定地认为"管理问题是中国企业新一轮发展中面临的重大挑战之一。是否拥有一套前瞻性、系统性的战略管理体系，是否奠定基本的管理框架和组织体系，是否具备不断优化的内部运作、监督、考核体系，是否拥有可以凝聚人心的企业文化体系，将考验着众多中国企业能否实现持续增长。"

也是因此，天强把自身定位为"企业创变的卓越伙伴"，我们服务客户的管理变革提升，从企业的改制重组到企业的组织优化和战略变革，再到积极促进各种类型的资源对接，提供集成整合类创新服务。一路走来，外部商业环境在变，客户需求在变，我们的服务内容也在变，唯一不变的是"为客户解决问题，创造可感知的价值"的服务理念，我们始终和企业在一起，共同探求管理的不断科学化，和企业家在一起，共同探讨管理的本土化实践。

与此同时，天强也围绕"变革"，持续实践、思考自身在管理体系上的完善和提升，在业务服务体系上，天强经历了从培育专业到聚焦工程勘察设计行业，再到平台化发展战略的变革；在组织与运营体系上，天强从开始的项目式组织运作发展成以矩阵化为特征的前中后台组织体系再到"业务线＋团组"的组织体系以及随着平台化战略的深入，近年来构筑的生态化组织体系；在企业文化上，第一阶段倡导的价值观是"胜则举杯相庆，败则拼死相救"，第二阶段倡导价值观转变为"专业、职业"，以此促进员工提升专业化能力和职业化形象，更好地服务客户，为适应平台化战略要求，天强将价值观升级为"价值共创、纳新求变、成人达己、伙伴共生"，将组织战略、员工行为、企业文化进行深度融合。

在天强的每一次变革中，公司全体同仁一起思考、一起适应、一起探索，当然也或多或少地一起困惑、一起迷茫，甚至一起混乱。

但是我想，将先进的理念、工具、方法在天强落地、消化，再自我创新，这不仅是天强与时俱进、持续发展的需要，也是天强与客户共同思考管理命题、持续"为客户创造价值"服务客户的需要。

经历过多次变革的天强，在很多地方取得了不俗的成绩，也有很多亮点值得我们去回味、去总结、去彰显。但是对比成就，其中探索、成长的足迹带给我们感动和激励更大。并且在天强的成长过程中，有那么多来自外界的目光在注视着我们，支撑着我们，给予我们源源不断的力量，这是天强成长途中莫大的幸运！

但细细想来，对于一个公司的持续成长而言，天强还是耽误了太多的时间、错失了很多机会。其中有客观的、也有主观的因素。客观的来自我们从培育专业、到聚焦行业、再到平台化转型，这个过程的连贯性积累不够；主观的因素主要来源于我，由于我自身的局限性，公司创立初期对于支撑专业型服务机构持续累积的基础没有很好的沉淀，后来又在公司生存与发展的主要矛盾认知方面出现了徘徊，导致发展的格局没有真正打开，错失了若干跃升的机会。

20 年的苦与乐、得与失，回味这 20 年，我在手机上记录下了当时的心境：

20 年公司的发展轨迹、成败，一定程度上折射出本人的理念以及个人缺陷。20 年历程中重大事件、关键节点上选择，面对重大机遇或困境的应对处置，影响、勾勒，也可能是限制了今天天强的格局与架构。

20 年道路，迎来了很多人、也送走了很多人，纷纷扰扰，其中有果断选择，也有纠结纠缠，也不乏有意气用事。有商业、职业上的标准，也有感性、感情上的评判。

20 年，公司股权治理方面的状况、特点，保证了公司的"纯粹"本色，从而对于个人核心坚持的想法得以贯彻。但不可否认，这方面的单一、纯粹，从公司创立初期、大股东撤资，一直至今，都面临由于个人化色彩带来的困扰、困境。

公司 20 年，是个人奋斗的 20 年，也是公司为个人成长、提升、升华付出代价的 20 年！

◆ 他们眼中的祝波善和天强

"每家企业都是一个特别的存在"

李涛：天强管理顾问　副总经理

我大学本科学的是 IT，研究生读的管理。记得在读研期间，有一次在图书馆偶然看到一本介绍管理咨询行业的书，当时就觉得咨询顾问很符合我的职业诉求。因为很早的时候，我心目中的英雄人物就是像诸葛亮这样的智囊角色，管理咨询其实是类似的，这种帮助别人成功的价值逻辑很打动我。所以毕业后，其他行业我也没考虑过，只盯着管理咨询行业。

2008 年我来到天强，那时候天强刚开始聚焦工程勘察设计行业，设计行业之外，房地产、制造、文化等领域的客户都有。我在天强参与的第一个项目是西安曲江文化演出（集团）有限公司战略咨询项目，接触的第一家业内企业是深圳市勘察测绘院有限公司，那是一个综合型咨询项目，是我第一个主要负责、并担任战略咨询模块负责人的项目。

我从事管理咨询工作十七年，到目前为止大概参与过 200 多个咨询项目，大多与战略相关。在我看来，每家企业都是一个特别的存在，天强更是如此。

第一，天强的发展，带着书生意气和理想情结。天强的创立不能说是一个偶然的机会，但回顾祝总的创业历程，实际上他在创办天强时，对管理咨询也没有那么深的理解，是在课题、考察中认识到商业社会的前景以及中国企业的发展需求，带着一种无知无畏闯入到这个行业。多年前，市场项目不采用投标方式，祝总也有一些关系资源，但他一直不靠关系拿项目，坚持市场化。发展过程中，也凭借业务理念的引领，理性区隔一部分单纯为了分利的企业，希望立足于独立专业的视角为客户提供服务，助推企业发展，而不是一种"跟随型"、"呼应型"的服务。外界也有声音评价我们，说天强比较清高，但我理解祝总是有这样的理想，在做这样的事情。

第二，作为咨询机构，天强走的是小众路线。一方面，在咨询行业里，发展规模大一些的咨询机构一般是没有行业边界限制的。2008 年我进公司后，那会我们也不是完全聚焦，我先后做过文化演艺、制造企业、房地产企业的项目。慢慢地我们聚焦了，并一直在持续积累，做到了专注勘察设计领域。另一方面，不同于其他咨询机构的运作模式，天强内部强调一体化运作。其实，在咨询公司里有市场部的是不多的，但天强很早就设立了市场部，集中管理市场线索、统筹项目运作，从区域、专业等多方面考虑合适的人员配置，关注每一个项目的服务质量，希望客户满意并形成一种长期的合作关系。同时，因为天强选择深耕一个行业，一旦有不好的声音，也会迅速传开，这就倒逼自身运作的每一个环节，每一个工作条件下，每一个项目都能都实现一个比较好的结果。

第三，天强丰富的活动体系，是因为选择了平台战略。这几年，有领导跟我开玩笑说，"你们做了那么多活动，你们还做咨询吗？"这就回到了一个出发点，我们为什么做这些活动？活动的初衷是为了答谢老客户，加强黏性，推广我们的一些服务，但随着活动影响力逐渐扩大，很多单位通过天强的活动结识朋友、对接合作，活动变成了一个很好的载体。在确定了平台化战略之后，历次活动定位调整中，天强从来没有把业务推广作为一个重要的内容，而是希望通过天强的这一平台，持续推动业内企业思想交流、资源对接，搭建好无形的沟通之桥。这些活动不赚钱，乃至有时候还要贴钱，但我们还是做，也是因为我们做了这些事情，让很多客户觉得我们有更大的价值，更大的能量可以去发挥。

第四，天强人也是一个特别的存在。天强人身上有一种不那么商业，不那么计较，但又具体的、实在的想要长期做事情的特质。做项目的时候该争论的时候争论，该喝酒的时候喝酒，但是慢慢的通过项目合作，客户会看到这个人的人品，看到这个组织的气质，双方从甲乙方关系变成了长期的朋友关系，这里面有一种高度的信任。我上周五参加一家企业的战略研讨会，不经意回顾了一下，第一次合作居然是在2010年，十几年的交往，客户总经理的头发都一点点变白了。

对于天强而言，平台化战略是整个企业发展过程中非常重要的一个选择。从自身的角度，因为我们选择了专注一个领域，企业要实现更大化的发展，就必须在其中深化，包括业务增长模式、拓展市场领域、对老客户推新服务等。比如我们开始做管理咨询，后面拓展了很多创新业务，实际上都是深耕专注领域的考虑。从客户角度，天强的发展伴随着我国勘察设计行业市场化改革的进程，在这一过程中，客户在变，其自身发展从原来的"一亩三分地"到跨区域、跨界的发展，向产业链前后端的延伸，客户新的需求对我们提出了更高的期待，他们希望通过我们了解行业发展趋势、行业数据、代表性企业的做法。这些新需求仅靠我们的力量是没办法实现的，基于对客户的了解，我们想去链接更多的资源、更好的资源帮助客户实现发展跨越。

2013 年提出平台化，一定程度上也是受互联网企业平台战略发展模式的启示，我们希望做成一个可以推动资源链接的机构，对于提供不了的服务或者价值增量的地方，我们可以帮客户去寻找其他合适的资源进行链接，于是有了平台化的雏形。从系列活动载体，到思翔公社的打造，乃至到 2018 年思翔绿创的成立，这一路的事基本就是在内外两种作用下策划推进的。两个角度之外，还有一个重要的推动要素就是我们公司的那种特质——客户有期待，我们一定希望做的超越期待的理想。

在整个平台化转型的过程中，我有两点比较深的感受。一个是变革最大的挑战来自对变革过程的驾驭。变革出发时，我们瞄准了一个目标，随着内外部环境的变化，目标要在过程中动态调整，但是通过对变革过程的驾驭，实现变革目标的过程，我认为是企业最宝贵的财富。有了这样驾驭变革的一段经验，企业未来可以不断的推动变革，实现一步步的跃升，无论这样的跃升是螺旋式上升还是老鹰换喙一般的蜕变。

另一个是变革是一个虚实结合的过程。在 2013 年正式启动平台化战略转型时，天强提出了愿景 2019，可能大多数人会关注具象，比如企业要实现多少合同之类，但实际上愿景 2019 更多传递的变革的导向，凝聚变革的力量，形成共识：它不是一部分人的事情，是全局的事情。企业要往一个更高的方向去，但在这个过程中，并不是所有人都齐步走的，可能会有一些偏差，一些思想上的波动，我们需要有一个东西来引领大家去推动这种进化。这是虚的部分。此外，还需要用的东西——是用的东西，不是目标——是一些有形的载体，要让大家看到抽象的东西具象化。比如我们做的一些平台活动，一些典型的项目案例，或者围绕客户服务的价值，或是创新了服务方式等。在"实"的部分慢慢更多地沉淀下来之后，更多的人会看到、感受到变革带给他的价值，这个时候会有越来越多的人加入到变革的队伍中，大家就可以一起协同往前走。

平台化战略之后，天强步入了生态化发展阶段。如果说平台化是外显，打开了我们服务的半径，以更加网络化的形态继续发挥链接的作用，那么生态化就是内聚的过程，在专业服务机构大的方向下，在业务体系逐步清晰、完善的基础上，进一步成为一个生态化的组织，更具生长性、韧性的拓展。

身处中流击水，我对天强的发展有信心。第一，天强面向未来是有底气的。这底气来源于客户的认可，来源于变革积累起来的经验和我们有一支经得起"折腾"的团队，也来源于商业巨变的不确定性也为我们带来了价值服务创新的机遇。第二，天强是有方向的。在25年的发展历程中，虽然我们的修饰语一直在变，但没有变的是专业服务机构的身份，这也是我们走专业化道路的基因以及未来继续坚持的一个方向。而且，虽然我们已经赢得了一大批客户的关注和支持，但我们有很多没做到位的地方，所以专业服务机构的方向我们也应该坚持。第三，天强要不断焕发活力。当下，我们也面临着挑战，我们的挑战就是不进则退。竞争加剧的背景下，我们的组织要有活力，要保持开放，每个人都要主动提升、持续蜕变，与时代共舞，就像祝总说的那样"生命因拼搏的洗礼而绚烂"。

祝总在成立天强之初就明确了"富有影响、广受尊重的专业服务机构"这样简单的、直白的、纯朴的追求，这既是祝总的梦想，也是我们公司的梦想。我内心的一个出发点是做一份有意义、有影响的事业，作为企业的一分子，我认同企业的发展方向，愿意为这个方向为努力。

希望天强越来越好，用实力撑起知识分子内心的小格调。一起走过的这段历程，对我而言是难能可贵的财富，希望未来能继续一路同行！一路同行都是最美的风景！

第六章

时代拐点

如果把时代比喻成一条河，那么当下和过去多年的走向泾渭分明。旧的体系已经打破，新的规则尚未成型，很多困难，当下看不清楚，但总要迎难而上，总要去战斗一把，这可能是企业家应该具备的素养。

01 愿景升级，向生态出发

2019 年 9 月 9 日，期待已久的公司 20 周年庆，总部、分公司同事齐聚千岛湖，度过了热闹且欢快的一天。晚上，我一个人在房间为第二天的活动发言做准备，计划在天强版脱口秀活动结束后，公开宣布赵月松副总经理离职的事情，为他、为公司的"一起走过"画上一个句号。

三个月前的一个晚上，我接待好客户，十点左右又回到办公室。我司副总赵月松，内部都喊他"老赵"，说要跟我谈一谈。我带着酒后的红晕，听见他说，他要走，去我们服务过的一家老客户那里任职。言语间，带着些忐忑，也有些许内疚。

我毫无准备。脑袋"嗡——"的一声，有点发蒙，完全没想到一下子碰到这样的情况。老赵到天强十一年，从项目成员一点点做起，先后担任项目经理、总经理助理、副总经理等重要岗位，对外向客户提供咨询服务，对内负责天强内部的管理运作，在转型平台化战略时期，他被委于变革小组组长的工作。更为重要的是，在上一年的公司规划中，一些资源的配置已在向他倾斜。而现在，突然出现这样的变化，我完全没有任何的心理准备。

我能理解他。对方公司即将上市，给他较好的待遇，他已经跟家里人商量过，家里支持他去，去向明确、逻辑清晰。我对他讲，只要他想清楚了，也不需要多说什么。而且只要在天强工作时已经兢兢业业、认认真真了，那么从这里离开也没什么好内疚的。至于公司和我的难处，"这都不用多考虑，这是我该面对的"。但是有一点，我希望他能够暂时先在内部保密，让我想想对策。

回到家后，身体的疲劳感一下子涌出来，但脑海里却有一根弦儿紧紧绷着，我坐在书桌前，沉默良久，在电脑上敲下几行字：

夜思

原来就知道创业之路的艰难，依然没有料到这么难。

原本就知道创业者是孤独的，依然没有料到如此孤独。

每每度过一个难关，来不及欣喜，一个更大的坎又不经意间来到。

长夜痛哭之后，必须微笑面对第二天的阳光！

老赵要离开的消息就这样暂时封存着。

8月22日，天强举办了20周年客户答谢酒会。酒会结束，客人都走了，公司内部一帮人聚在五楼，当时老赵拼命喝酒，大家觉得不对劲，一问，才知道他要走，那会儿他已经在做一些新公司的工作，即将上任。

思绪正回忆之时，收到老赵的微信，说要和我谈一谈。

他考虑之后决定留在天强，这不仅仅是工作层面的考量，还有很多情感上的积淀难以割舍。几个月来，悬在心中的一块石头，终于落了地，而且还是以温和的方式。

20周年是一段过去的总结，也是一个全新的开始。公司即将进入新的发展阶段，我自己也需要迈入新的阶段、新的关系模式、新的成就追求模式。我常常在忙过一天的工作之后思考"愿景2019"的延伸——愿景升级。

"愿景2019"曾在公司平台化转型过程中发挥着目标引领的作用，为我们勾勒出天强与外部客户、生态伙伴、社会关系之间的合作拓展，也为我们提出公司体制、事业分享模式方面的调整与优化。如今，设置的期限已经到来，公司发展也到了新的台阶，新的方向将往何处去？

在我的概念里，愿景就像是"后天"一般的存在。从今天到明天很难，但是从后天到明天比较容易。为了抵达明天，我们先远望后天的方向，看清了后天，就容易看清明天。否则，明天很可能就只是今天的重复，明天只不过还是一个今天。

在"今天"，我坚定地认为，我一个人带领公司从无到有走了20年，从职业生涯的角度已经可以对外吹牛了，到了新的阶段，怎么把公司推向新一轮的发展，就不能仅依靠个人的力量，而是一定要成为一个具有成长性的生态治理格局。

为此，公司的发展逻辑是：

（1）切实按照平台型、生态化理念、逻辑来设定公司的业务模式、组织模式；

（2）切实顺应大变革时代的要求，进行自身的数字化转型，探索业务模式、价值服务模式、组织模式的创新升级；

（3）创新理念，推进公司人才培养、使用方面的革新与升级，切实搭建人才集聚、成长、发展的平台，构建有效的人才新陈代谢模式，把公司人才工作提高到战略性高度；

（4）限制各种小圈子，突破人才成长视野；

（5）把公司的网络化、生态化运作进行优化、深化、固化，并配合明晰相应的理念，真正建立起网络型的结构模式；

（6）创新公司的股权激励体系，改善公司治理模式，构建内部创业机制，激发创造性；

（7）探索人员有效进退的模式；

（8）积极推进服务创新、技术创新，并集中力量聚焦产品创新。

个人发展逻辑是：

（1）深刻认知自身的局限性，站在公司持续发展的角度进行自身定位与作用发挥；

（2）推进公司各层次人才的专业化、职业化提升，推动人才新陈代谢的模式与体系；

（3）从过去集中于客户关系搭建、内部管控体系维护的角度转向公司平台搭建、人才集聚培养、治理体系优化、生态打造、理念传播；

（4）探索新的事业增长点，探索各种有效的投资、孵化机制，寻求更高维度的个人事业形式。

需要关注的是，公司转型与个人角色转型之间的关系；公司与个人放手是一枚硬币的两面，互为促进，必须有效互动；公司的转型升级需要个人的华丽转身。

确定了生态化的战略方向，公司明晰了包括建立股权激励约束体系、引进各类型高端人才、升格行业研究中心、加大产品化开发等系列举措。

2020 年 1 月 17 日，公司内部年会官宣了新一年的整体目标和实施举措。不料，新冠肺炎疫情突然暴发，特殊环境下，更多是在维持之前的运作，生态化缓步推进。

02 突如其来的新冠

2020 年，武汉封城对我们心里冲击很大，为什么会有那么深的感触？一个原因是，1 月 17 日，天强举办了迎新年会，各区域公司代表齐聚上海，大家一起度过了快乐的时光。1 月 19 日我去武汉出差，20 日离开武汉后先后到合肥、南京见了几批勘察设计行业的领导，回沪后与创智天地园区的几位企业领导有一个聚会，当然和公司的部分人员也有密切接触。

这样看似寻常的活动举办和行程安排在 1 月 23 日凌晨武汉疫情防控指挥部发布无特殊原因不要离开武汉的通告之后，变得令人后怕起来。当天下午，我开始执行严格的隔离政策，直至 2 月 5 日收到工作人员送来的"解除隔离通知书"。那十多天里，我每天都在心里默默祈祷，希望大家健康平安，希望在这场"战疫"中，我们的员工、客户、友人都是坚强的战士，心怀忐忑地休了自大学毕业以来最长的一个假期。

另一个原因是，天强在武汉有分公司，有长期服务的客户，还有那么多的好朋友，武汉封城除了传递疫情信号外，还给身处其中的人带来更大、更多的影响。出于对朋友、客户、同事情感上的关心，我们在春节里更多表达的是呐喊助威，希望给予他们心理上的支撑，一起熬过那短暂的阴霾。

后来随着事态的演变，一些设计单位的担当作为，让我们充满敬意和感动，天强特别采访火神山、雷神山医院的设计单位——中信建筑设计研究总院、中南建筑设计院的相关设计师，倾听他们的心声，向社会展示设计企业在艰难时刻的大义与担当，传播设计者的力量。

与此同时，天强陆续与 27 家省、市、区及全国性勘察设计细分行业协会合作，持续跟踪疫情对行业的影响；特别策划"疫情对工程勘察设计行业的影响"系列访谈，邀请到 21 家企业高管分享他们在疫情底色下的所思所为，以期能为行业、企业或个人应对疫情带来启发。

原有的节奏被打破，我们除了做好自身的事情之外，也希望能为个人抗"疫"传递一些正能量，为行业企业应对疫情积极献策，为勘察设计行业在社会层面的价值发挥传播扩散。这些事情，有些是出于理性，有些纯粹始于情感，我希望天强的平台不仅仅是一个专业上的交流渠道，更是一个特殊时期的情感纽带。

春节过后，我们考虑公司的复工、疫情对自身工作的影响以及勘察设计行业在"行业转型周期"与"新冠疫情冲击"叠加影响下的发展与进化。

事实上，2019 年底，公司策划了以"新生长"为主题的思翔 2020 新年座谈会，武汉站、广州站在年前已举办，计划年后举行的北京站、哈尔滨站、济南站因为疫情不得不取消。我跟同事讨论通过直播的形式举办一场"思翔「面对面」在线交流活动"，计划以主题分享、回应行业关注问题、在线互动三部分议题，和大家在线上聊一聊我们当下的思考。

2 月 14 日，我戴着口罩对着镜头讲了 2 个多小时，那是我第一次直播，"不知道直播界的标杆人物姓李，不知道直播的时候需要把脸贴着镜头，不知道直播是为了带货"，懵懵懂懂地坐到了镜头前。那种感觉很奇妙，就像对着空气一直在讲话，我既看不到说话对象的脸，也听不到他们的声音，就那么一直说到互动环节。

直播最后，我由衷地感慨："当前除了疫情防控、病人救治之外，整个社会经济的运行似乎按了暂停键，这是我们不得不面对的现实；但这也让我们持续奔跑的脚步留下一段凝滞的时空，让我们可以沉静下来，更加理性、更加长远地思考更多问题：面对不确定性，平台型、生态型发展模式将成为我们驾驭不确定性的确定力量源泉；面向新生态，构建生长型战略体系与持续生长进化能力是所有企业面临的共同命题；危机往往是孕育创新和变不可能为可能的机会，但惟有真正的价值服务才能让我们步入一个新的春天"。

"逆境可以让人成长，绝境可以让人醒悟"。这既是对在线观看的朋友们说的，也是对自己说的。作为企业管理者，每一次危机应对都是一场修炼，我们必须深入思考灾难的整个演变过程，为与不确定性共舞的企业管理带来警示。

很意外地，这次直播活动共有 2.88 万人次观看，收到了很多人的支持和鼓励。还有一位企业家朋友后来告诉我，他感染了新冠，是躺在医院的病床上听完这次直播的，听完之后深受鼓舞，觉得自己还有很多事情可以做。

03　让信心成为力量

2022 年 3 月 31 日，浦西封城的前一天，我从家出来，匆匆忙忙联系杨浦光彩基金捐十万块钱。那几天，不少消息说部分医护人员没有中午饭吃，我希望这点微薄的心意能专门用于解决医护人员的餐食，他们长时间穿着防护服，日夜辛劳，已经付出了很多，不应该再忍饥挨饿。当时想赶着当天捐出去，新闻说封控三天，再晚的话，可能后边就用不到了。

后来这件事还出了个小插曲。杨浦光彩基金会刚刚成立不久，银行账户没开好，还不能收钱，所以捐款由工商联代收，后面发现工商联也不行。所以，我重复捐了 10 万块钱给上海市光彩事业促进会。上海封控结束之后，杨浦工商联将代收的 10 万块钱退给了我。

处理好捐款的事宜，我回办公室拿了直播用的灯光、相机等，为 4 月 1 日"疫情延长线　创变进行时"的直播做准备，想与大家聊一聊企业领导者如何驾驭复杂多变的形势。那是我第一次身兼摄像师、灯光师自己在家做直播，开始前，专门让相关同事通过视频给我远程指导。

上海处在持续封控中，大家一点点适应着。我家里最发愁的还不是吃的，我老婆每天早起抢菜，封控之前一位客户给我寄了些大米，说是他朋友给他送了好多，他寄给我一些。我当时还讲不要，没想到后来这些大米都派上了用场。有段时间，家里的洗洁精只剩下半瓶，我开始是每次挤一点，后来严格控制到每次滴一滴。

封控没多久，我所在的小区物业人员出现了阳性病例，导致物业、居委所有工作人员作为密接进行封控管理，也就是所谓的"团灭"。整个小区的运转处于瘫痪边缘，小区大门无人值守、相关物品无人配送，尤其是各家的垃圾也不能及时处理。在这样的状况下，小区居民纷纷报名充当志愿者，走向了彻底的"自治"。

为了让在线工作取得成效，天强采取了一系列举措：塑造工作氛围，拉平组织体系，加强工作的计划性，明确工作节点、工作成效，优化或重新设置工作内容，关注员工工作状态和心态等，让大家工作尽可能扎实有效落实。在出差减少、脚步放缓之时，公司组织了多场主题培训活动，提升内部团队的专业素养和综合服务能力，并基于当下的市场环境，进一步审视升级服务体系、产品体系和制度体系。

公司内部的各项工作在尽力通过线上形式推进着、与客户的各方面线上互动也在密切推进着、各种线上的交流活动也在努力推进着。

有一天，一位国有单位的一把手和我大吐苦水，再加上其他企业家朋友言语间的无奈，我临时起意做一场直播，希望谈谈行业的信心，给业内企业建立一些信心，传播一点力量。

那是我封控在家的第53天，中午临时得到消息我们小区里有人做志愿者，给小区居民剪头发。我的头发已经很长了，之前线上交流，有客户留言说我头发长，我开玩笑回他，"这是疫情带来的次生灾害"。所以得知可以理发的消息后，我直接就过去了。没想到剪完之后，那位"理发师"告诉我，他从来没剪过头发，今天出来仅是凭着胆量给大家试一试。我哭笑不得，在线给大家展示了我的新发型并坦言顶着这样的发型自己压力很大，似乎呼应了当下的状况——"一切皆有可能"。

直播里，我跟大家聊了聊疫情叠加行业转型周期下设计企业的发展现状、未来的发展趋势以及身处不确定中的底线思维，临近尾声时，我说"面对过去的灰烬，不要回头看，让心中的火焰一直燃烧"，给大家鼓劲，也给自己定心。

后来，年底的交流活动上，中国建科集团的孙英总裁提到这次直播让她印象深刻也很受鼓舞。

上海"封城"的日子里，我们的在线交流活动频率很高，尤其是5—6月推出的"乘风谋变 起舞转型"思翔在线2022春夏系列直播活动。6期活动、23位企业家，每期邀请3—4位企业家聚焦行业企业变革转型热点进行对话交流，活动主题分别为："全国统一大市场背景下的全国化发展"、"科技创新及产品化产业化发展"、

"工程建设组织模式升级——集成 高效 精益"、"数字化业务新赛道——场景牵引 创新驱动"、"集团化发展——整合 融合 共创"以及"与资本市场共舞"。

坦率地讲，那样的活动少做几场，可能对结果也不会有太大影响，也可能十次里面有几次活动的效果很一般，但当时我这样做，是因为心里有一个想法，想在这样的特殊时刻传递一种态度，给周边的人，包括同事、客户，一点信心和力量。

面对突如其来的疫情，大家都很彷徨，甚至还有一些无助，自己的力量也无法改变现状，也都预料不到后面会怎么样。我希望通过自己的努力，让大家感受到——还没到没有办法、杞人忧天的时候，一切还可以积极地推进。真正的屏住，保持一种不放弃、不躺平的姿态。

04　从疫情防控，谈企业发展下半场

适应大变局

2022 年春天，经历了 20 多天与病毒的缠斗，从 3 月 28 日 5 时起，上海以黄浦江为界分区分批，在全市范围内开展新一轮切块式、网格化核酸筛查。上海的疫情防控阻击战处于最吃劲阶段，形势复杂严峻。作为生活在这个城市的一员，我们能做的就是积极配合相关安排，并力所能及地作出自己的贡献。无论如何，我们相信，我们一定可以战胜疫情，上海在这场阻击战中一定会赢！

从 2020 年初开始，一直到 2021 年底，上海都是以防疫优等生的形象出现，这次的防疫工作显得异常艰难、乃至慌乱。由此也引来了各种各样的评论。我不是这方面的专业人士，不对此进行评论。

但从疫情的演变历程中，可以感受到，疫情不仅带来病痛，同时也带来分裂！疫情是灾难，分裂是更大的伤害！

之所以出现这样的情况，是因为疫情防控已经进入下半场，防控的特点、不同群体人员的心态预期都发生了重大改变。

由此，我联想到设计企业发展的下半场。设计企业过去20多年的发展，整体上呈现快速增长的态势，虽然也历经几次大调整，但总体保持了行业规模的迅速提升、行业内一批单位的规模不断迈上新台阶的发展态势。当前，行业增长乏力、供需关系错配、行业地位下滑等矛盾日益显现，行业下半场拉开帷幕。上半场是追求增长，下半场是在应变中强调创新。但切换是非常困难的，很多的规律还没有成型，因此团队共识很难达成、资源调配非常困难、工作惯性难以改变。

面对不确定、面对大变局、面对下半场，成功很难复制，但失败，一定可以照搬！成功来自组织逻辑、业务逻辑的改变，失败往往来自对过去的惯性依赖。

下半场对于所有企业而言，都将不再轻松，接下来的困难也是客观存在的。有这么一句话："悲观者往往正确，乐观者才能成功！"面对变局，我们不必期待时光倒流，若时光能够倒流，万物一定会朝旧岁月里疾步奔跑。

以前看到过这样一句话：历史给人类的唯一教训就是人类从来不吸取教训。当时看了觉得不可思议，是不是夸张了一点呢？这句话是用来评价历史的，当然在个体身上也同样适用，因为企业、个人确实不容易吸取教训，而是一再犯错，即使已经有很多例子摆在自己的面前了。历史事件不是个人可以左右的，但企业的事情，还是能够采取一些措施，进行深度的战略思考，避开前路可能有的坑，反思企业的过往，避免掉进同一个坑！

用一句带有感情色彩的话语和大家共勉——生活是苦难的，只能把悲伤暂时交给时光去治愈，而我们还得划着自己的断桨出发，去寻找更好的自己！

化危为机

两年多来，对每个城市而言，疫情就像过筛子一样，没有筛到的，似乎都充满了智慧与信心，一旦被筛到了，就会受到各种超乎预期的压力，也会出现不尽人意或意料之外的事情。我们企业的风险管控能力、应急能力、危机下的管理能力，恰恰是需要我们去认真审视并着力提升的。一个地区疫情暴发，可能是始于某一个环节的疏漏。对于企业而言，危机事件可能也只是某一个员工、某一个环节出现了问题，进而蔓延开来。正所谓，一个企业要做得好，需要所有人的持久努力，一个企业要出问题，往往只需要一个人、一个环节的差错。考验一个企业的是遇到变局、遇到困难时的态度与能力。

疫情防控过程中，各种议论、点评最多的基本上都不是参与疫情阻击的人，深入参与疫情防控的人员很少发表相关点评。放到企业运作中，也有类似情况，遇到突发、困难事件，最难以把握的是大家的心态、状态，每个人都是从自身的角度发表意见。越是没有在相关工作中付出的人，意见听起来似乎越全面、似乎越有高度。

处在大变局之下，对于风险事件的识别、管控，对于组织的整体驾驭，显得非常重要。当然，从客观的角度，任何一个企业的成长、蜕变都不是一帆风顺的，没有经历过生死的企业，似乎也很难真正成熟、持久！

决定一个人最终高度的，往往并非起点，而是拐点，机遇都在拐点！对于企业而言，也是这个道理。危机，危中有机，但机会不会凭空降临！

在目标和战略比较清晰的时候，很多人都能做到"主动积极"。做得不够好的时候，上级引导、敦促一下，大部分人也可以有效地去改进。

可是，当目标战略不清晰或不断变化，组织发展变化非常快的时候，"主动积极"就不够了。这个时候就需要"自定义角色感"这种更高级的能力。与"角色"相对照的是"任务"，而且"角色"还不够，还要"角色感"。"角色感"包括了这个角色的目的、职责、任务、相关方关系等。"角色"不仅要自己理解，还要传递给"队友"。自己对"角色"理解得很清楚，但"队友"不理解、不支持，也是不够的。"角色感"额外强调角色承担人对于"关键相关方"的沟通、影响、培训责任。

只要人人各尽所能，我们终将无所不能！

坚持长期主义

这轮疫情还有一个现象，也挺有意思的。那就是不同个体对于疫情的关注角度差别非常大，获取的信息也会呈现出很大的差异。以上海为例，上海没有本土确诊病例的时候，我对全国各地的疫情状况都有所关注，当然如果全国都没有确诊病例，就会对全球的情况进行关注。一旦我所在的城市有本土确诊病例，基本上就只关注所在城市的，所在城市病例多点散发的时候，又会不自觉地关注自己所在区域的。此外，在疫情严重的地方，人们会对于从本地外溢出的病例不太关注，而这一点恰恰是零星病例流入地区的众人注意力的聚焦点。

在企业管理中，也有类似的情景。企业管理运作中，不涉及切身利益的，大家往往关注更宏观的，涉及自身利益，必然从自身立场考虑。这也是企业变革调整的困难所在。企业推行变革转型，处在大概念的阶段时，大多数人都不会反对，乃至是支持的。随着变革的推进，困难会逐步显现，大家的焦虑情绪会不断累积。对于涉及自身利益的时候，往往会把视角从组织的角度转向个人的立场。

当然，也有个别人员是例外的，个别人能超越自身的视角，往往是因为这些人有更强的责任感、使命感，使命感可以让人超越自我！也正因为如此，所有企业的变革转型，考验智慧的在于顶层设计与路径策划，真正考验功力的在于变革转型的推动、落地。这就需要极强的领导力，领导力是推动变革的根本能力！具有领导力的人，都是活在未来的人，有一句是这么说的——"那些活在未来的人们所能做的就是与现在的自己作斗争"！

时代变了，思维方式也必须改变。在不确定的环境中，企业必须要确立长期主义，长期主义就是长期坚持做对的事情，所谓"对的事"，就是有助于企业形成竞争优势的"事"。长期主义可以看作对长期流行的"机会主义"、"风口主义"思维方式的反对和修正，对于企业长期健康发展很有价值和意义。

05 出上海记：在不确定中寻找确定

离开上海，怀着复杂的心情

2022 年 6 月 6 日，天强上海总部全员复工。封闭了两个多月，终于迎来了正常的生活！

早在 6 月 1 日上海解封之时，就发现上海自己解封了，但是所有地方对上海还是"封"着，在上海可以自由流动，但不能出上海，上海的行程记录成为一种禁行标识。应该讲，各地出台这样的政策，都是有各自的考量。但对于在上海的人、上海的企业而言，这便是一种"痛"了！

我就计划着尽快离开上海，到一个合适的地方接受隔离，从而恢复可以正常出差的"自由身"。

比较各地对于上海的管控措施，发现重庆的政策相对"友善"，只需要进行 7 天的居家隔离或集中隔离，对于没有居家隔离条件的、采取集中隔离。我决定首站去重庆，把自己行程"洗白"，让自己成为可以自由流动的"正常人"！

重庆的朋友帮助安排了一处巴南区的独立住处，并征得所在社区同意，我可以前往，在该住处进行七天隔离。

6 月 5 日，我预定了 6 月 8 日的早班航班。重庆的朋友热情在房间里准备了各种速食，并把房子门锁的密码告诉我。

临行前一天，我接到通知，6 月 8 日的航班取消。东航当天已经没有航班，只有退掉机票，重新买了同一天国航的机票，然后又接到通知该航班取消，再改签、再取消，先后改签了当天的四班航班，结果还是全部取消。只能买后一天（6 月 9 日）的。

6 月 8 日又经历了同样的过程，6 月 9 日的航班通知取消、不断改签、最后全部取消。

这时候，基本上理解了重庆"友善"政策的"深层次"逻辑了，按照国家的要求不能层层加码，所以出台了所有城市中当时最"友善"的政策，但结果是，从上海就是无法飞到。后来关注到，这种情况一直持续了好多天。

6月8日晚，经过各地防疫政策比较，我决定先去武汉隔离，经过联系确认后，武汉对于上海不同区的政策实行差别化管理，我来自杨浦区，符合"3天集中隔离+7天居家健康检测"的要求。联系后了解到，3天集中隔离在什么酒店，是"开盲盒"，无法预知在哪里隔离，但后面的"7天居家健康观察"，可以入住社区指定的酒店。由于在武汉有很多重要合作伙伴，相关部门也给了积极的安排，想一想，三天集中隔离，估计是比较简陋的经济型酒店，再简陋，三天时间也容易克服。连夜通过抢票软件买到高铁票，并在深夜12:00左右外出找到核酸点、做好核酸。

第二天踏上了离开上海的旅途。

登车前的心情是复杂的，因为这是一趟没有回程时间且充满不确定性的出差。默默为上海加油，为自己祈祷。

6月9日下午3:40，列车到达汉口站。一下车，转运大巴已经停在站台。大巴在警车引导下上了高速公路，一路狂奔。原计划当天下午5:00为一家客户做线上"演讲"，因为在大巴上不方便，我临时安排了同事代为发言，自己戴着耳机全程"听会"。三小时后，到了隔离目的地。

隔离生活，成为特殊的生活体验

这是位于潜江的一个隔离点。简陋的外墙用墨水拉出了若干条分割线进行装饰，我拎着一大堆行李穿过一层层灰尘飞扬的楼梯，走到接近于毛坯房的五楼。工作人员说，哪间有空就进。我走进房间，四周看了看，关上门的刹那，眼睛在锈迹斑斑的门把手上多停留了几秒。

时间已是晚上7:00，7:30我要主持一场直播，约定提前15分钟与嘉宾们调试。顾不上多想，我马上打开行李箱，换上衬衣。奔波了一天，想找个镜子照一下，发现没有。火急火燎地做好直播前的准备，迅速平复心情，投入到 2 个半小时的直播中。

4G 信号微弱，只有一格，Wi-Fi 也不行，卡顿严重，不得已，和大家打招呼，我要关掉自己的视频，画面调整成头像图片替代。有些嘉宾发言，我听得也是断断续续。

我通过手机对话，用电脑看直播画面，临近 9 点，趁嘉宾发言的空隙，匆忙吃了隔离点送来的第一顿晚饭。

隔离点微信群里不时有通知传来。和我一起进入隔离点的，大家都在群里吐槽"万万没想到"。呼声最大的是没有杯子喝水、刷牙；有人一天没吃饭，关心什么时候有饭吃；有人想逃离，希望被劝返；还有带着孩子的，面临很多的不方便，确实不容易。

晚上 10 点多，我开始收拾床铺考虑接下来几天的隔离生活。非常幸运带了烧水壶和泡茶工具，尽管水龙头中流出的水充满杂质。

6 月 10 日，吃完早饭，我开始清理墙上、地上的蚊虫尸体，中午空闲时把房间整理一下，开了几个视频会议，依然是充实的一天。

因为隔离点不能点外卖，非常麻烦。6 月 11 日，有一个"重大"好消息，通过一位隔离"狱友"的朋友代买的两瓶矿泉水送到了。原计划拿到水后放开泡茶，得知一位带小孩的家长缺水，赶快贡献一瓶。

核酸时，第一次经历"两喉两鼻"的核酸检测，又有工作人员进房间多处环境取样。

所有的期盼都是我的红码能尽快绿起来，明天解除隔离。

当天傍晚，突然收到通知，我 6 月 12 号不能走，因为我所来自的上海杨浦区出现新病例，五角场街道邯郸路 585 号被列为中风险地区，集中隔离时间由 3 天延长至 7 天。想到还要在这个房间里呆 4 天，心态瞬间有些崩溃。前一天定好的离开潜江的高铁票只能退票。

日子还是要过！为了让自己尽快调整过来，我给自己制定了一个计划，每天做些什么。不仅是工作，也包括思考点什么问题。

一天又一天，这样熬着。与客户的各种会议还在继续，过程中也有很多朋友关心我的隔离生活，这时候已经不再想多提及隔离的条件。

6 月 14 日，工作人员通知我次日早晨 5:10 下楼，大巴送到潜江高铁站。我收拾好东西，把房间也收拾了一下。夜里 12 点左右，我的湖北健康码还没转绿，按照要求，转绿后才能截图发到群里。等待的过程中迷迷糊糊睡着了。

凌晨 3:00，被一通电话叫醒，工作人员询问绿码是否有了。我截图发送后，再无睡意。起床把房间认真地收拾了一下，入住时自己套的被套、枕套、床单，全部拿下叠好。没有清扫工具，地面脏的地方，我用纸巾一点点擦拭。

虽然简陋，前期心有抱怨，但毕竟也在这里住了 7 天时间，有始有终。房间里的一切恢复到入住时的秩序。

之后，我提着大箱小包下楼。到了大楼外面，7 天以来，第一次有一种脚踏"实地"的感觉，恍如隔世。

等车的时候，我在隔离的微信群里由衷地留下一句话，"感谢隔离点的工作人员，你们辛苦了！"是的，起初，我们虽然有这样、那样的抱怨，但是工作人员确实很辛苦。

6 月 15 日，我到武汉，入住规定酒店，开始进行健康观察。一切有条不紊地进行着。

感谢很多朋友在此期间的问候、关心以及热情帮助！

飘荡生活中，思考不确定

等到健康观测结束后，我会在武汉进行几天的会议、工作沟通，然后赶往重庆，计划的工作已经拖了很久了。

重庆的工作忙完后，我将继续出差之旅。在各地对于上海的管控措施没有恢复正常的情况下，我可能要在外面飘荡一阵子了。

经历两个多月的上海疫情以及这次的出差隔离，我深刻地理解了中医上讲的"通则不痛、不通则痛"，这样的道理同样适用我们的社会经济生活。各种对于人流、物流的阻隔，一定会带来或明或暗、或短或长的影响！

在这次离开上海的隔离过程中，收到了很多朋友的关心、问候，也接受了很多朋友的"隔离咨询"，咨询到各地出行的隔离政策，甚至有好几个朋友对我表示感谢，讲我用自己的行动来测试离开上海的难易。忽然有一种我是出来"趟雷"的感觉。

这次在湖北潜江的隔离，让我有一种深刻的体会，政策的出发点是好的。湖北人民为了感谢全国人民 2020 年对于湖北人民的支持，所以对于来自上海的人不需要提前申报、并免费隔离。政策充满着温暖、令人感动。实际上也是这么做的。但是对于各级政府而言，便是不小的负担。

我在隔离点，虽然条件很简陋，但也可以想象出地方政府的支出与负担，隔离点的工作人员投入、车辆运输、隔离人员的餐食、房间里的基本物资保障等。我就在想，为何不能把政策做一些微小的调整，给大家一些选择的空间，大家可以选择免费隔离，也可以选择自费隔离。对于自费隔离的，允许线上采购。这样是不是可以减轻一部分各级政府的负担，同时也可以满足不同类型人员的诉求。

这种情况，可以推广到很多领域。很多政策制定的时候，是有良好的出发点，但在实际执行过程中，可能就会出现新的困境。这种情况，也让我们不由得联想到：很多的政策出台，是站在道德制高点。站在道德制高点出台的政策，往往会导致各级执行者都会为了某种"正确"去推进，但结果却会有很多困扰，大家都有困扰，但却都无力改变，因为谁也不能去质疑处在道德制高点的源头。

应了那句话——"我这是为你好"是最高级的道德绑架。

在疫情防控过程中，我们也不难发现，很多"篱笆"一旦垒起来了，想取消就很难了。当年的计划生育政策，很早就发现问题了，但是修改政策的历程却是漫长的，因为那是"基本国策"。今天看来，这种迟缓的纠正，我们这个社会将会为之付出巨大的代价！有些问题，似乎已经不需要历史检验了。

稳经济已成为当前非常重要的任务，但是稳经济的道路似乎极其不平坦。

处在这么一个充满着不确定性的时代，我们已经无法期盼确定。

不确定时代，不能再用正常的逻辑、标准来衡量。再难，也要面对，也要安放好内心。

认清不确定、适应不确定，拥抱变化，尽力做最好的自己！

06 答案在风中飘扬

2022 年 12 月，身边的同事、朋友感染新冠病毒的数量越来越多。上海总部办公室里，保洁阿姨、运营部几位同事先后不能正常上班，零星的"天选打工人"坚守在工位上；楼层的物业阿姨也已经"消失"了好几天，偶尔有代班阿姨前来收拾下垃圾；上班高峰的马路上，空着的公交车一辆辆驶过；快递的运力已经严重跟不上了，在各大电商平台"进出"一圈，也没能下成一单。

这样的日子恐怕还会运行一段时间，一切好像又回到了春天的那段特殊时光。

01

阳春三月，我们带着过去一年的思考，带着年度重点目标和重点举措的筹划，带着对新一年成长的意气风发，摩拳擦掌、跃跃欲试之时，被突然按下"暂停"。先是各地都在收紧对于人员流动的管控措施，再是上海开启"鸳鸯锅"式静默，直至 6 月 1 日解封。

有同事形容那种"急刹车"的感觉，"像是酝酿了很久的百米赛跑，在准备冲刺时，被一声令下，困在原地，人有点懵"，身体和心理都需要挣扎着从原有节奏中出离，重新适应新的状态。

政策要求"应检尽检、应收尽收"；新闻说，"明知自己已被感染，但仍然出入公共场所，造成疫情传播"，要被判刑。

专家说，奥密克戎并不是"大号流感"，奥密克戎变异株的病死率，真实世界数据显示平均病死率是 0.75% 左右，约为流感的 7 到 8 倍，毫不动摇坚持"动态清零"总方针。

02

上海解封后，疫情在全国"此起彼伏"，多地进入静态管理，作为经历过这样过程的人，很能体会期间的焦灼和不安，随时可能被叫停的不确定性让大家身心俱疲。

疫情之外，2022 年的大自然对我们很残酷，洪涝、干旱、风雹、地震……相继侵扰。

大家对疫情已经麻木，忍着、扛着、沉默着，匍匐于生活的波折中，唯一所盼的是十月后，"风向"能有所调整。后来这种想法还被若干朋友"批评"，讲"'站位'不高，不能就疫情谈疫情"。

曙光并未乍现，黑暗中不断摸索却始终看不到微光的巨大失落，一次次袭来。我在微信推文中为自己打气：乐观是一种态度，也是一种生存本领。

11 月末，某市一高层住宅发生火灾，致 10 死 9 伤，引发关注。有网友发帖，抱怨小区内消防通道被小汽车堵塞，这是因为小区已经封控了 109 天，汽车的蓄电池耗尽、打火打不着，致使救火延误。官方发布会通报将这场事故推上了舆论的风口浪尖。

03

"突如一夜春风来，千树万树梨花开"。

12 月 7 日，"新十条"重磅发布，防疫政策"急转弯"。政策要求，跨地区流动不再查核酸、健康码，无症状、轻症可居家。

随后"通信行程卡"下线，各种放开政策纷至沓来，同样的不折不扣、执行到位。

专家说，"奥密克戎不可怕，99% 可在 7 至 10 天内完全恢复"；"无症状感染不是疾病，无症状感染者不是病人，无需恐慌。"

有网友晒出段子，"抗疫 3 年，国家就像男朋友，承受着我们的质问：你凭什么管我？你凭什么不管我？我说让你不管我，你就真的不管我了？我是说过让你别干涉我的自由，但没说你可以不负责我的安全啊！你不爱我了"。

突然的"自由"来得很快，一波又一波的感染也来得很快，有人阳康了，有人正在阳，还有人在"幻阳"。专家提醒，幻阳症是一种心理疾病，要科学认识新冠病毒。

是的，我们需要重建秩序，我们也需要认识科学。

2022 年已至尾声。眼下，国际俄乌对峙，跌宕起伏；国内疫情持续，风雨如晦，但大自然的规律告诉我们，冬天的尽头一定是春天。只是那时，不知道人们如何审视这魔幻一年。

一座山要伫立多少年

才能被冲刷入海

一些人要存在多少年

才能获得自由

一个人要多少回转过头去

才能假装什么都没看见

答案啊　我的朋友　在风中飘扬

07　往前走，别回头
——告别 2023

出差途中，在高铁上翻了翻随身带的一本书，开头引用了两个人的话，一个是加塞特的"我们只有自己的经历，而它不属于我们"；另一个是契诃夫的"是的，人们会遗忘我们。这是生活，毫无办法。我们今天觉得重要、严肃、后果严重的事情，那么会有它们被人忘记、不再重要的时候。但有趣的是，我们今天无法知道它们在一个被视为伟大而重要的，或者平庸而可笑的日子里会是什么样子……"

如是，我们每个人经历的 2023，也都会成为历史长河中的一部分，只是有的可能会被记得，有的可能就被遗忘。当新的一年即将开启，我们将如何告别这匆匆流逝的 2023？

今年以来，我们会发现，同一个世界，同一片天空，但是大家的感受却迥然不同，媒体传递的和老百姓感受到的，发展好的和遭遇困境的……不同群体间的分裂似乎在进一步扩大，并且越发的变幻莫测，很多事情也变得不可名状。

原有的运作轨迹、发展逻辑已经改变，多少年来，无论是个人，还是企业，我们已经习惯了增长、成长、发展，并且把这些当成了空气，认为稀松平常。如今，成长、发展都显得很珍贵。从个人角度，毕业找工作、换工作入职下一家，工作中努力、加薪、升职，现在也显得珍贵；对于企业而言，我们默认的轨迹也是不断增长，乃至企业管理中的问题，也是习惯性认为通过发展来解决发展中的问题。

回望这一年，我有三个真实的体会——

第一个是始料未及。一系列变局、冲突刷新了以往的认知范畴，也进一步向我们展示了当下所处环境的脆弱、焦虑、非线性和不可知。

第二个是深度思考。事实上，过去我们也一直在思考、在谋划，对比当下，我发现，过去的思考其实还是在原有的轨道上，这样的思考好与不好有差异，但不是根本性的，2023年的思考是更深层次的，是根本性的，仿佛站在了命运的十字路口。

第三个是知易行难。年初的工作会议上，我曾说过"2023年，我们将继续在重重迷雾中穿行"，但即使带着这样的预判，当变化真正来临的时候，我还是感到有些措手不及。因为在这一年里，我们所面临事情的难度陡然升级；面临更多的努力付出和收获的效果不成正比，面临很多的问题没有现成的答案……复杂的局面里，焦虑、彷徨如影随形。

当很多企业家朋友聚到一起，大家都有一种难言的苦衷，预期转弱、情绪摇摆成了2023年的现实底色，合同难、营收难、收款更难……身处其中，我一方面真实地悲观着，一方面又想为大家打打气，传递一些理性的态度或者是一种角度。很难，也很分裂。

和许多企业一样，天强 2023 年也面临很多挑战。以我们举办了很多年且一直引以为傲的活动为例，八月份相关部门活动规范管理通知印发后，原有的"峰会"名称不能使用；同时，以往行之有效的"领导致辞＋主题演讲＋专题演讲＋对话交流"活动模式正在失去它的往日光辉。

主观上，快速变化之下，大家普遍感受到了从活得好到活下去的生存压力，已经没有心思、没有兴趣参加没有"营养"的活动。年初"起步即冲刺，开局即决战"的激情与热情在现实面前不断碰壁，下一个季度会更好的希望和信心，在时间中逐渐落空、沉寂。客观上，2023 年各种各样的活动、会议很多，有社会组织在"消化"过去三年积攒的会议，有企业将活动作为营销的手段和策略。种种变化之下，天强持续了十年的、年度最后一场大型活动——"行业年度峰会"到底应该如何办，成为一个现实命题，活动的规模、吸引力等都充满了不确定性。

"过去成功的东西，现在并不有效"，以新应新成了不得不做出的选择，但"向新"的过程谈何容易。传统策划思路必须舍弃，一定要创新，"即使有失败风险也要尝试"。

活动更名为"天强洞察 2023"，作为行业的观察者和思考者，全天活动，我以个人演讲贯穿始终，从数据洞察、市场洞察、未来洞察三个方面将企业关切的主题连贯起来，不再安排主持人，也不安排致辞环节。在我全程演讲过程中，穿插十余位嘉宾的主题延展分享。在这个"场"里，我是信息传递者，是话题引导者，大家不是来听报告的，是以参与者的角色各自思考，相互启发，积极碰撞，共同集聚发展的力量。

随之而来的是"以为找到了方向，执行中又陷入了旧的惯性"，团队内部不断沟通、不断矫正，终于让活动取得了一定成效。这不仅是压力与挑战应对下的成功，更带来了一种信心——一种来源于原有路径失效，并在各种约束条件下，找到新路径的信心。

活动仅是我们应对变化过程中的一个缩影。时代洪流滚滚而来，在外部环境的剧烈变化下，战略审视、业务转型、组织调整等方方面面，无不面临着选择与取舍，而对转折点的把控，也是对企业家最大的考验。

有很多苦恼，也有很多想不明白的事情，重重迷雾中，我们更需要"远方"的希望。2023年的最后一个月，"天强将往何处去"这一问题在长时间的讨论共识中终于有了清晰的图景。在"愿景升级及发展战略（2024—2029）"中，天强的愿景持续迭代升级为"值得信赖的生态型专业服务机构"，在"两型两化（创新型、服务型、数智化、生态化）"的思路指导下，持续推进创新发展，聚焦客户需求发展新产品新服务，持续升级专业能力；以客户需求为导向，提供专业服务，创造超越预期的价值，赢得客户信赖；深入推动数字化转型，赋能专业服务，打造面向实施的数智化服务产品；持续迭代深耕产业的优势，创新资源整合服务，打造服务生态价值网络。

以终为始，清楚地知道"后天"的方向，那么"今天"和"明天"就是在成为的路上。即使最终到达不了彼岸，但是至少当下我们也是有力量的。

展望新年，依然扑朔迷离。有人问，"躺平，是不是一种选择"？或许，躺平是一种理性，但不是一种良好姿态。

总有人，脚踩泥泞，却依然仰望星空。"悲观是远见，乐观是智慧"。信心比黄金重要，我们比以往任何时候都需要信心，尤其是企业领导者的信心。

信心是一种姿态，是一种信念。不是有希望才有信心，而是有了信心才能走在寻找希望的路上——信心犹如迷雾中的灯塔，不一定能够照亮前行的道路，但能给我们迷雾中穿行的定力；信心犹如攀登悬崖绝壁上的藤蔓，不一定能够助力我们登上更高处，但总可以给我们以短期的心安。

时代洪流裹挟之下，普通人、企业应该怎么办？往前走，别回头——在不确定的未来中，抛弃幻想，做好迎接更复杂局面的准备，坚定信心、坚持长期主义，走好脚下的每一步。这同样是对我自己的新年鼓励。

以良好的心态、姿态，走进 2024、拥抱 2024。

◆他们眼中的祝波善和天强

"只要有这么一群人，一直站在一起，这就是一种成功"

赵月松｜天强管理顾问　常务副总经理

一些成长

我大学学的专业是广告，毕业后读了 MBA。2008 年，我加入到天强，2010 年，开始参与公司内部运营管理工作，此后开始了咨询者和管理者的双重角色成长。对外，先后以项目组成员、项目负责人、项目总监角色为客户提供管理咨询服务；对内依次担任项目管理部负责人、总经理助理、副总经理、常务副总。

有同事曾经问我，是自身的哪些特质支撑我一路成长的？我觉得支撑我一路成长的并不是个人特质，而是自己对职业的认知。不管是做咨询顾问、项目经理还是开始参与公司的运营管理，都没有事先设定的路线，只是凭着自己的职业初心先去做，我认为一个人职业价值的高低，不在于自己想做什么、能做什么，而是在于你所做的一切对公司的价值在哪里。当你做的事情是公司所需的，你的职业价值自然就会被认可。然后在做的过程中不断去反思自己对项目、对管理的各种不足，然后去调试自己做项目、做管理的方式，慢慢实现职业路线的螺旋式上升。

在这个过程中，祝总给予了我很多鼓励和支持，他就像那盏指路的明灯，描绘了公司的发展愿景、管理理念，并且自己时时刻刻在身体力行。尤其在这十几年的运营管理工作中，受制于我个人的特质（执行能力强但共情能力弱），有不少的管理工作走过弯路，但他始终给予我足够的信任和耐心。

记得在从事运营管理工作初期，我经常怀疑自己的工作价值，把管理者变成了一种很悲情的角色，他不断地跟我沟通，在肯定我工作价值同时，也传递出管理优化的方向。同时，随着很多小伙伴逐步加入到了管理队伍中，我从单枪匹马，到管理运营团队，再到指导职能团队，自身的管理感悟和能力持续积累，也让自己能够更好地去为客户提供基于管理者视角的解决方案。

一场修行

2013 年，我以变革管理小组组长的身份参与到公司向平台化转型的战略变革中，这是我职业生涯中非常重要的一步，也是公司发展过程中极为关键的一环。事实上，任何一家公司要向平台化转型都非常艰难，但这也铸就了天强与大部分管理咨询机构的不同之处，也是天强难以被复制和替代的核心所在。

天强的平台化转型充满了荆棘、泥泞，也产生过各种纠结、质疑。没有可参照的样本，需要我们边探索、边认知、边修正、边调试，比如我们的组织运作体系，从一开始的项目制、到团组模式、再到区域公司模式，然后二次推行项目经理负责制，每一种模式的转变都需要两到三年的时间，这其中都会伴随着阵痛、试错，甚至激烈的矛盾，但是围绕客户价值实现这一主线是始终不变的。再比如我们的能力构建，从一开始的项目执行能力、到谈做一体能力、再到协同协作能力，以及服务策划能力等，每一种能力的重塑也都不是提出若干口号、制定若干制度、召开若干会议能实现的，一定程度上需要时间，也需要空间。

但深度参与天强平台化转型的全过程，对我认知最大的提升是任何一家企业的战略转型、组织变革都是一场自上而下的修行，这种修行不是一堆方案就能解决的，也不是几个人认可就能实现的。所以在为客户提供管理咨询服务过程中，我们需要从咨询者、管理者、领导者三种视角去看待问题和解决问题，不能忽略任何利益相关者的立场与诉求，需要系统性建构长远与现实、整体与局部、风险与收益等多方面的关系。

一个插曲

2019 年，公司的平台化战略经过 5 年的时间取得了一些成果，在组织环境、业务探索、文化构建等方面都迈上了新的台阶。也是这个时候，我在工作中产生了一些疲态，萌发出换一个环境和视角的念头。

那是我进入公司的第 11 年，一方面大量的项目工作需要去处理和推进，另一方面公司的平台化战略对组织运营体系等方面都提出巨大挑战。基于个人以往的认知和经验，我感觉难以在内部找到更好的答案。

但是在工作交接、角色转换的过程中，公司十多年的感情尤其是祝总对我的知遇之恩始终让我难以割舍，我自己也一直在纠结是否换一个环境就能解决面临的所有挑战？当时公司正值20周年，一系列的活动里，这些共同奋斗了十多年的伙伴所焕发出来的对事业、对公司、也包括对我的那份炙热情感，让我终于下定决心，不管未来的路多难、遇到多大的挑战，只要有这么一群人，一直站在一起，这就是一种成功！这可能正是天强文化的魅力所在！最终，我选择与这群人继续奋斗下去。

一些思考

过去这几年以及未来可预期的时间里，我们所面临的社会环境、行业环境、市场环境都不容乐观，"生存"已经是很多企业不得不面对的命题。这样的新常态促使我们要更加理性、更加务实、更加敏捷地去升级、更新我们的业务服务和管理体系。

一方面，管理咨询业务需要比以往任何时期都要更加关注客户的可感知价值，更加注重效能的达成，要立足于客户不同的需求场景，提供全过程的服务解决方案。这就要求我们要构建立体化的市场开发、全周期的客户管理、全链式的服务策划、深度交互的交付方式，并且积极拥抱数智化，在我们的运营管理、作业方式、创新服务等方面都要勇于尝试和探索。

另一方面，我们要不断地创新我们的新服务，不管是投资并购、产业策划、商学培训、数字化转型等，还是未来可能孵化的其他新服务，都需要在服务方式、生态策略、合作资源等方面最大程度去链接多方面的伙伴资源，用开放式思维实现服务的多样性、资源的多样性，努力将天强的平台价值发挥到最大程度。

希望我们的这些思考和布局能带领天强行而不辍、万里可期！

第七章

朋友圈

咨询机构表面上卖的是服务，某种意义上是在构建、深化一种信任关系。这样的关系，对咨询公司极为重要，不仅是一种感情支持，也是专业服务机构能力提升的基础。

01 我和祝总的双向奔赴

金志宏　中信改革发展研究基金会数字建造研究中心　执行主任

中国武汉工程设计产业联盟　秘书长

第一次见面：相见恨晚

2009 年，当时我是武汉市建委副主任，主要负责武汉市重点工程建设和工程设计两方面的工作。那个时候，武汉正在推动发展工程设计产业，打造"工程设计之都"为目标的一系列工作。对于"工程设计之都"的规划工作来说，它不仅是一个设计之都规划，还是一个设计产业规划，需要一套集成性和专业性兼备的综合规划思路。于是，我们开始在全国各地对接交流一些专业咨询公司，希望能够获取到有价值的专业建议。

就是这样一个工作交流的契机，我来到上海，第一次见到了祝总。在之前，我只是听说过天强这家公司，在行业内影响力很大。见面后，祝总给我留下了很深的印象，温文尔雅的外表下透着对行业犀利的洞察，说话声音不高但语气十分坚定，那种沉稳的气场自带能量。祝总当时就给出了武汉设计之都规划落地的实质性建议，尤其是发展设计产业的建议，这也为武汉设计之都开展工作奠定了基础。

我们谈了很多，同频的磁场中大家都有点相见恨晚的感觉。无论是对行业的认知、产业的趋势，乃至未来的发展路径及模式，祝总都有独到的见解，虽然这次见面还处于前期沟通阶段，但是我心里基本已经确定了，这个事情，天强是可以做成的。

全方位合作：十几年如一日

无论是在政府工作还是后面到了中信工程，我在工作中和天强的合作从未间断，比如武汉设计之都的专项规划、政策出台和重大活动策划，以及中信工程的十三五、十四五企业发展战略规划，组织变革等等，都是天强在为我们服务。虽然在合作中我们是甲方单位，但其实到后面俨然是天强合伙人了。因为工程设计工作中，从来不是只有设计本身，企业发展、技术创新、产业融合等，我们需要更多的平台和资源去赋能，需要更大的生态圈去发展，这一步恰好由天强来补齐。

我们在 2012 年初共同策划了中国武汉工程设计产业联盟的实施方案；2016 年天强作为策划方和发起方与我们一起构建了武汉设计之都促进中心，把武汉产业联盟的秘书处实体化，成为一个配合政府申报联合国教科文组织创意城市网络设计之都的非政府组织。目前已成为了我们武汉设计之都的一个中坚力量。

持续合作最典型的案例当属院长论坛，这是天强 2007 年创立的一个品牌性活动，在行业内已初具影响力。2011 年设计联盟成立后，我们从第五届开始，连续十二届共同主办"思翔院长论坛"。目前已成为全国最具影响力的院长论坛。到了 2021 年的第十五届"思翔院长论坛"，当时全国有 300 多位工程设计企业相关领导参与活动，其中近 200 位都是从外地赶来，主邀湖北省、武汉市等政府领导和中国勘察设计协会领导莅临，院士、大师、设计和建设等著名企业家济济一堂，盛况空前。在新华网报道后的 10 个小时，阅读量直接破了 100 万，这在业内产生了持久的影响力。

工程设计圈：公认的"群主"

现在设计等已经形成了事实上的大朋友圈，有几百家活跃的企业家们参与。天强组织了很多群，其中还有五百人的大群。大家在群里相互交流启发，获得能量。把祝总定位为群主这事，虽然是我提议，但其实是大家公认的一个结果。

我们总听到群里对祝总的评价：对于不赚钱的事情，特别起劲。一些设计企业的资源对接、政府部门的相关协作等等，天强在管理咨询之外还干了一揽子"不收钱"的活，而祝总时常积极奔波各方单位，促成多方的共同发展。作为"群主"的他一直有一股坚韧的魔力，不论外部条件怎么变化，都把自己坚持的事情、认为有意义的事情去做好。

说实话，群主是个苦活。群里都是业内的专业人士，大家的需求都千千万万，无论是专业上还是领导力上，没有一定的修为，还真没法干长。祝总不是无所不能，而是竭尽了自己的所能。就像医生一样，有些专业能力强但态度冷漠，有些态度好却能力不足，但祝总就是那种又专业又态度好的，还特别能吃苦，所以就能一呼百应。

2022 年疫情的时候，一些特殊的原因，祝总从上海出发后开始颠沛流离。当他到了武汉以后，大家都觉得"群主"实在太难了，群里一招呼，大家都放下手上的事情赶过来，纷纷献策，最后我们选了一处环境优美的地方，给祝总办了一个生日派对，以特殊的方式表达对他的感谢。这种自发的组织热情，给祝总在"流浪"的日子中，植下了记忆的回甘，那一刻，我想祝总心里所有的奔波都已经值得。

发展之道：长期主义

人和人之间，最小的差别是智商，最大的差别是坚持。智力密集型行业中，聪明人很多，而能长期坚持的人就没那么多了。1999年，祝总创立天强，一直在深耕行业，专注服务，把自己扎根在认定的土地中，踏踏实实精耕细作。

和祝总认识那么多年，大家都已十分了解对方的秉性。我相信物以类聚人以群分，就像我在做投资方面的决策时，不会只考虑经济收益，而是希望看到投资带动的产业创新和科技创新；同样，祝总在智库的角色定位中，为企业与产业发展提供真真切切的价值。因此，天强的持续发展必定是水到渠成的事了。

25年前从上海起家，到目前全国性的分公司布局，甚至在武汉设置子公司，也成立了产业研究院等，25年来，天强已经发展成为国内工程设计领域内最大最强的智库。我非常看好天强。伴随着我国的发展，工程设计产业也会成为数字经济与实体经济深度融合的重要力量，作为行业内的头部智库，我希望在第二个百年中国式现代化进程中，天强能够成为具有世界影响力的智库，也希望祝总能够保重身体，继续当好群主，与大家共同发展，如果没有合适的接班人，群主就不能退位。

02 伙伴共生，共赴新十年之约

杨进　林同棪国际工程咨询（中国）有限公司　总裁

"不是专业，反而更专业"

2012年，我们公司同事王有为跟我说，他了解到勘察设计行业有一个比较有影响力的活动叫"思翔院长论坛"，发了很多介绍资料给我，推荐我们也去参加。"没有搞设计的人来做设计企业的咨询，还做院长论坛"，带着这样好奇的心态，我说报名去看看。

后来，董事会临时有个安排，时间冲突，我计划安排副总去参会。结果同事反馈，主办方说要是换副总就不用去了。"这么牛？！那我一定要去会一会这个人。"

第六届"思翔院长论坛"在南京汤山举办，第一次参加天强的活动给了我很大的震撼。第一，没想到这样一个民间活动，能够把这么多行业代表请到一起，有优秀的企业家，还有政府部门、行业组织的指导支持。第二，活动上传递的很多新观念，带给我不一样的思考。对比身在内陆的重庆，我感觉江浙一带民营企业家的视野格局更开阔，对于行业发展的追求也更高。第三，活动的组织方——苏交科的发展带给我的惊讶。2004年时，我与苏交科集团终身名誉董事长符冠华、副董事长王军华见面交流，当时我们说想做一个百人规模的小事务所，他们提出想做个上市公司。8年过去了，苏交科于2012年成功上市，成为行业内第一家上市的设计企业。这带给我一个很大的冲击——追求定位的视角不一样，最后你会发现结果的不一样。

通过这次活动，我认识了很多设计行业内的朋友，我认为这一点是一个非常大的财富。我开玩笑说"做桥的赢不过搭平台的"。

南京，也成为我和老祝相识的起点。我出生于60年代末，老祝生于70年代初，我们两个人所处的时代环境、大学经历有很多相似之处，彼此之间的距离很快就拉近了。

老祝是江浙人，他的专业、智慧带给他一种儒雅的气质，同时，他又善交朋友，这一点我认为是他身上的一种非常好的特质，这也是这么多不同细分领域的专业人士汇聚到天强平台上的一个很重要的原因。

在我看来，天强作为行业的观察者，搭建起了一个供行业交流对话的平台，服务设计企业，赋能设计企业，是难能可贵的。老祝不是我们这个行业的从业者，但是他反而关注我们这些从业者，可以站得很近，也可以站得更高，这是咨询公司"第三方"的工作逻辑。而且，作为咨询机构，天强选择勘察设计这个小众行业，挑战很大，但是通过不断坚守、深耕，做到了持续推动行业、企业发展，我很佩服，也体现了老祝的专业。

有温度的朋友圈

参加天强这么多次活动，在我看来，天强所搭建的朋友圈，有一种特殊的价值，老友新朋相互之间不是一种简单的业务交往，而是一场有温度的聚会。在行业发展好的时候我们需要这样的朋友圈，在行业下行的时候，我们更需要它传递的抱团取暖的力量。

印象深刻的是 2019 年 11 月 27 日到 12 月 5 日，天强组织了一次海外游学考察活动。这次活动我们一开始是 5 个人，最后只剩下 4 个人，大家放下平时的工作去感受西班牙的城市风貌、建筑特色，深入当地访问了林同棪国际在当地的兄弟公司 gpo 以及苏交科收购的西班牙公司 EPTISA。在 EPTISA 公司，苏交科总裁朱晓宁接待了我们，终身名誉董事长符冠华先生也在，他们为我们介绍了海外收购的历程以及国际化发展过程中的思考和探索，给了我们很大的启迪。

我记得朱晓宁总裁的办公室在那幢办公楼的第六层，他说我们是他在这个办公室接待的最后一批客人，第二天他这个办公室就要搬到下面去，这层楼他们要出租出去。我们为在异国他乡中发展的苏交科感到骄傲，也能深切感受到国际化进程中市场差异、文化差异带来的影响。

林同棪国际（中国）是国际公司在中国本土化的一家公司，苏交科是一家民营企业走向国际的工程公司，苏交科的发展、经历，给我蛮大的共情。在当时的条件下谈国际化，其实我认为会交很多学费，代价也很大，但是我觉得这是中国设计企业必须要走的路。苏交科敢于走出去，能够坚守，是一种中国设计企业的标杆。

我国设计企业快速发展了二三十年，有很多自己的特长，但在基础设施设计领域的竞争，我们除了总包商已经走出国门外，其他设计企业很少走出去。林同棪国际在中国本土化后，我们也在考虑走出去的问题，这一次的考察让我客观看待国际化发展的必然性，也深知国际化对中国设计的挑战。这次的游学成为我心中一个非常美好的回忆。

有时候会想，我们一生中会有很多无奈，但老祝身上总有一种倔强的乐观，所以有时候我常讲，我们苦，老祝比我们更苦，一周7天，可能5天都是在路上。

陪伴式战略合作

我与老祝在 2012 年结识后，林同棪国际（中国）和天强公司也开启了一系列的咨询、活动合作。2017 年，第十一届思翔院长论坛我们很荣幸成为联合主办方。活动在重庆举办，主题是"平台化发展：占位与布局"，这次活动对林同棪国际（中国）后面的战略有很大的启示。

院长论坛结束后，天强为我们针对性组织了多家标杆企业的参观考察，我当时带队骨干到深圳、上海等多个地方，参观了深圳建科院、深圳水规院等代表性企业。用现在的话说，那是一系列"特种兵式的参观"，白天我们一行去学习、交流，晚上我们一起来讨论，快速思考林同棪国际（中国）的发展方向。

事实上，2017年对林同棪国际（中国）而言，是很痛苦的一年，那两年，公司员工流失比较多，我们发展也遇到很大的瓶颈。一系列的考察交流，给了我们很多启发，也迅速打开了骨干人员的视野。在天强项目组多次组织的内部研讨和外部交流下，林同棪国际（中国）中高层管理团队对下一步战略发展的趋势认识、问题研判、战略构想逐渐具象，我们共同制定了新的三年战略——3i战略（一体化integrate、国际化internationalize、数智化intelligentialize）。

这对我们来说是一个里程碑式的重要战略。在2012年之前，我们更多是市场导向、业务导向，2012年开始，我们请天强为林同棪国际（中国）提供战略服务，开始从业务导向到战略导向，提出了业务一体化、区域一体化、全国一体化，2017年在升级一体化的基础上重点明确了发展数智化、布局国际化。而且2017年的院长论坛给了我们很大的机会，让更多业内企业了解林同棪国际（中国）新的战略目标，也成就了我们相关业务发展的一个重要窗口期，包括数字化业务的发展，公司的转型等。

通过2018—2020年3年的战略实施推进，林同棪国际（中国）的发展迈上了一个新的台阶。2020年，新一轮3年发展战略周期启动，天强项目组在综合评估发展环境及企业实践成效后为我们制定了3i+战略，将"生态发展"纳入我们的新体系中。

2023年伊始，林同棪国际（中国）和天强签订了"新十年"全面战略合作协议。过去十年，双方因为有共同的价值观选择相伴同行，未来十年，因为有共同的追求和使命继续携手。希望天强在接下来的发展中"更高"——站在行业发展的前沿，为我们提供更高水平的行业和产业智库服务；"更新"——以更新的视角和理念、更新的能级和活力、更新的资源和生态展现天强的蓬勃生机，搭建行业交流平台；"更国际化"——既是国内设计咨询公司的高端智库，也能陪伴设计咨询公司从国内走向国际，成为国际化的专业智库。

最后，我希望老祝越来越潇洒！不要老是人在途中的忙碌，也要多晒一些爱好，转型成为我们设计院院长的新标杆。

03　像朋友一样的合作伙伴

刘宇红　江苏省勘察设计协会　常务副理事长、秘书长

2015 年，江苏省勘察设计行业协会换届，我兼任协会秘书长一职。当时协会每年会举办一次高峰论坛，请一些对行业比较熟悉的专家来做专题分享，也是因为这样的机缘我和祝总相识。

祝总的发言，常常给我们带来一些新思路，给我印象最深的是他在台上的状态，我们以前请专家做报告，尤其是行业发展一类的报告，大家都正襟危坐。祝总上台后，他手拿翻页笔站在舞台中间，全程脱稿娓娓道来，那种潇洒自如的感觉真是一股清流。

我当时也奇怪，祝总不是我们这个专业领域出来的，但是他会非常敏锐地抓到每一个阶段行业、企业发展的关键点，给我们一些启迪。我们江苏的企业整体还是比较拘谨，在交流中会慢慢被他前瞻的思考理念同化，逐渐打破原来的传统想法，去探索一些新的路径。

江苏行业协会的平台比较大，它并不只是聚焦行业的发展，它还聚焦企业的发展，聚焦各个专业方向的发展，既有人才的培养目标，也有企业发展经营的推动目标。勘察设计行业有 21 个细分领

域，涉及的发展情况、相关技术也比较复杂。我自己学建筑出身，从设计师到主任工程师、分院院长再到集团的总建筑师、副院长，这样一路走的都是专业技术路线，虽然过程中也到政府部门、规划设计部门挂职，但当我站在协会的角度，思考行业变革、企业发展以及协会未来的发展规划时，我还是感到迷茫。

每一次我遇到困惑的时候，我跟祝总交流，他都能特别认真地去响应，而且会给我提一些建议，不是那种套路式的，而是会根据江苏行业协会的优势、弱点，用心给出自己的思考。市场环境的变化促使企业发展的变化，也给我们协会的服务方式带来变化。作为行业协会，如何能够在会员当中做到政府信得过、行业有影响这样一个角色是不容易的。这种互相赋能、相互成长让我特别受益。

我曾经跟祝总讨论协会的发展，也跟他谈到我希望江苏行业协会也要做一些 5 年规划，他认为我这个思路很超前，因为那个时候其他行业协会还没有与此相关的发展规划。我们的沟通很顺畅，能够迅速捕捉到对方的思考要点，并给予积极响应。后来，在天强的支持下，我们联合推出了《江苏省勘察设计协会（2021—2025）发展规划》，此后又相继合作了《江苏省勘察设计行业 2021 年度发展报告》、《江苏省勘察设计企业受疫情影响调研报告（2022）》等内容。

令我惊讶的是，祝总作为一位专家，私下里交流时经常很活跃，有点小幽默，还会不时调侃下自己，业内大佬对他都很尊重。有时我们也开玩笑，我说祝总把我们行业协会的很多工作都做掉了，而且把我们很多需要做的事情做得更加专、更加精，我们会有一些压力。

但事实上，我发自内心的觉得，我们好像没有那种被抢掉、被挤掉的心态，而是觉得我和祝总是像朋友一样的合作伙伴，协会和天强是一种可以互动、互补、共赢的伙伴。

祝总和天强的团队对于行业发展的关注、思考给了我们很多指导，相互之间的交流、吸收，是一种融合，一种共鸣，一种帮助，一种陪伴，这不是一个竞争的态势，而是真正的朋友、同行的伙伴，站在同一条线上为我们的行业、企业共同努力。天强通过引领企业思考，提升企业管理，帮助企业成长转型；协会通过搭建平台，抛出思考方向，对接一些资源尤其是像祝总这样的资源，给予会员企业支持帮助企业更快发展，大家异曲同工，有相同的目标，是一个相辅相成的力量。

当下，行业发展变迁很快，希望后续协会能和天强有更深入的合作，共同帮助大企业做得更强，也能够嫁接大企业和小企业之间的桥梁联动小企业共同发展，也希望祝总能够继续保持这种旺盛的生命力，既要培养好年轻人，也不能放掉自己的责任，用他独到的思维力、凝聚力、亲和力，带领天强走向更广阔的发展空间。

04 "他是带着感情在做事情"

郑岳肖　上海杨浦科技创新（集团）有限公司　董事长

2020 年 8 月，我第一次参加由天强、大创智创新发展示范区联合主办的"2020 思翔院长论坛·产业峰会暨大创智设计产业高峰论坛"节目录制，当时还有四家来自园区的科技企业与设计企业代表，大家一起交流各方力量如何有机衔接促进城市创新发展。那是我第一次参加这样的访谈节目，也留下了很深的印象。

从那时候起，我开始了解天强。它是一家咨询公司，但又不局限于做管理咨询，它有时是个媒体、有时扮演投行的角色，总体感觉更像是一个行业的资源整合者。我觉得一家企业能做到这样一个定位非常不容易。

天强于 2013 年正式入驻创智天地园区。多年来，大创智记录着天强的发展进步，先后为天强颁发了"最具社会影响力奖"、"最快发展企业奖"、"最佳合作伙伴"等多个荣誉奖项，天强也见证了大创智在内涵功能、外延扩展上的有机生长以及越来越多优秀企业、人才的汇聚。双方联合策划举办了十届思翔院长·论坛产业峰会暨大创智设计产业高峰论坛，深入推动科技创新与设计创新的融合发展；合作通过多种交流载体，加强园区企业家群体的互动与合作。天强还借助自身影响力，先后为园区引进多家优秀设计企业，助力推动园区商业生态的可持续发展。

在此合作过程中，我对祝总也有了更多了解。在我眼中，他是一个有行动力的人，大部分时间都是"空中飞人"的状态，这种不断探索、去奋斗、去争取、持续努力的过程，非常让人敬佩。2023 年，他拿到"上海市优秀中国特色社会主义事业建设者"的称号，我觉得是当之无愧的。这也是一个企业家很重要的素养。他是一个有思考力的人，这跟他所从事的工作，他自身热爱读书、思考的特质相关，我也经常看到他分享的一些观点和文章。他也是一个非常有凝聚力的人。这个体现在内部对团队的领导力，外部在民营企业家群体里的号召力。他作为一个知识分子，体现出的那种人文关怀很感染人，包括对工商联工作、社会公益工作的热心支持，他是带着感情在做一些事情。

祝天强 25 周年生日快乐！一个公司能成立 25 年非常不容易，希望天强基业长青，做成百年天强，也希望未来能与天强继续携手，推动企业家群体间的交流合作，让企业家在大创智这片土地上继续扎根、发展、壮大，一起努力丰富区内设计创意产业形态，共同构筑"科创杨浦"。

05　始于才华，久于合作

朱晓宁　苏交科集团股份有限公司　总裁

祝总和苏交科的结识很有渊源。2002年苏交科刚刚完成事转企改制，公司发展面临很多不确定性。当时，祝总带着天强的团队来公司交流过几次。我那会儿还很年轻，在公司业务部门，刚工作没几年。这是我知道的苏交科与天强的历史，虽然没有大的合作，但已经开始接触交流。

我与祝总的结识是在2011年以后，我担任分管公司管理投资方面的副总裁。第一次见面，我印象很深。那是江苏省勘协组织的一次年度会议，祝总作为会议邀请的重要嘉宾，分享他对行业现状的理解、对其未来发展的预判。我是第一次参加省勘协组织的会议，祝总的发言给我留下了深刻的印象，感觉他是行业内难得的一位大家——能够洞察行业发展。会上，我们简单进行了交流，我留下祝总的联系方式。后来我安排我们的一位负责人具体对接，邀请祝总深入沟通双方未来的一些合作。

第一次与祝总深入交流是在苏交科当时的江宁方山基地。我贸然地抛出了一些想要深入战略合作的项目。事后回想，这些想法对于没有经过深入交流的双方来说是比较唐突的，我和祝总此前并未交流过，我们都不知道对方是一个什么样的人。但是祝总并没有因为我的这些不成熟的想法有任何的负面情绪，还是很积极地一起讨论，这次的坦诚相见和深入探讨为后续双方间的进一步合作奠定了一个良好的开端。在我心里，祝总是一个思想开放、眼光长远的人。

随着交往越来越多，我觉得祝总是一位充满人格魅力的人，我也非常乐于结识这样的一位朋友。他很睿智，大脑里面充满了各种智慧，表达起来很幽默，常常语出惊人，说出一些令人耳目一新的话。人和人之间的相处是价值观的交流，我和祝总对世界的认知基本相同，交流起来很轻松，也很愿意跟他做交流。与此同时，我非常佩服祝总从创业到现在的坚守和韧性，勘察设计行业经历了多轮的周期，有过高潮，也有过低谷，发展过程中各种困难都经历过，他能够聚焦行业、企业的发展，并坚持把企业做下去，我觉得非常不容易。

2012 年，苏交科成为业内第一个上市公司。资本市场的运作模式与我们同行的传统发展不一样，是一种新的发展之路，一种新打法。苏交科在开始这种新的拓展模式之前，没有基础，也没有任何经验。事实上，做资本运作需要有广泛的朋友圈，广泛的标的储备，人家经常讲"储备 100 个，谈 10 个，成 1 个"，按照这样的比例，如果朋友圈不够广，储备目标不够多，那么成功的可能就微乎其微。

苏交科刚开始走这条路的时候，我们在行业内的朋友圈并不大，目标也不是很广，而天强作为行业内最具影响力的非官方机构，其朋友圈能量、平台化资源非常丰富，我们和天强的合作是一种非常好的优势互补。我当时跟祝总说，天强完全可以一手做咨询，一手做投行业务，把天强的优势更好地发挥出来。如果天强能够介入到投行业务，实际上跟苏交科的资本发展道路是完全契合的。

基于这样的认知和愿望，我们开启了资本市场投资并购方面的第一个业务合作——甘肃科地项目，这也是苏交科上市后第一单成功的业内收购。虽然标的估值不大，但是通过这次兼并重组给我们团队做了一次完整的操练。甘肃科地之后，苏交科进入快速的资本扩张阶段，过程中与天强有了多方面的合作，包括标的收购、管理整合等。

我们和厦门市政院合作的过程中，实际上遇到很多困难，有时候一些关键节点出现的问题可能会导致项目终止。但不管什么时候，只要有需要祝总和天强的团队总能给我们以及时的响应。记得有一次，祝总半夜赶到我们双方约定的现场，讨论解决问题的举措。他的重诺守信为我们在重要时期的发展提供了很好的支撑。

兼并收购之外，苏交科和天强也一直保持着多方面的合作。我们每年的战略制定期，都会邀请祝总一起参与讨论，为我们未来的战略发展把握方向；围绕苏交科的发展特点，天强在激发人才活力方面也给了我们很多支持。十多年来，天强一直是苏交科最可靠也是最重要的一个合作伙伴。

天强走过25年的风风雨雨，从一个初创企业逐渐成长为行业内大家共同认可的重要智库机构，不同于西方传统管理咨询企业的业务布局，天强坚持围绕工程勘察设计行业的特点、围绕行业企业的需求来量身定做提供服务，是一种非典型管理咨询企业的发展路径。希望天强能够坚持自己的特色，坚持做好行业平台的搭建，服务好中国特色的工程咨询企业；也希望祝总一方面永葆活力，另一方面做好人才梯队建设，让我们这个行业能够永远保持这么一个良好的平台。

06　相行相伴：九年又九年

谢公晚　上海明月眼镜有限公司　董事长

2006年，明月公司经过10年的发展面临发展瓶颈，公司管理层感到很困惑，想找咨询公司这样的外脑帮助企业解决问题。经过多轮筛选，天强公司最终成为我们的合作方。

我和祝总第一次见面是在丹阳的工厂，我把公司当下遇到的问题以及希望打造的样子做了介绍，一番沟通后，祝总认为我所描述的原因并不是公司目前的症结所在，他重新帮我们界定了问题，说到了我的痛处。那次见面，祝总给我留下了挺深的印象，他很睿智，看问题有不一样的视角，而且层层拆解、表达清晰。

当时，明月公司对外有很大的经营压力，对内整个公司的管理体系还不完善，高层在日常决策和"救火"中往往耗费较多精力，而且因为家族企业的特点，"二代接班人"的问题成为悬在企业头上的达摩克利斯之剑。

第一个阶段的合作，天强以"十一五"战略规划为起点，为明月构建了基本的运营管理体系。双方之间的合作很愉快，配合也很默契，天强不仅帮我们分析了企业发展中存在的问题，还给我们规划了解决问题的路径。于是，三年合作结束后，我们又开始了第二阶段、第三阶段的合作。

合作持续了九年，明月公司在公司治理、企业文化、人才发展、内部市场化等方面逐步构建起了规范的管理体系，并为进一步提升企业的运营质量和发展动力奠定了良好的基础。作为管理层，我们从中看到、理解到、学习到公司规范发展方向的方法和工具，很受启发。

尤其在治理体系方面，天强针对明月的特征，创新性地设计了"家族宪法"，明确了股权继承、转让以及"家族基金"的内容，理顺了二代接班人的问题。记得那段时间，我新上任公司董事长，生产车间的事情不用我管，连签字都不找我，我坐在办公室里常常感到很不适应。我跟祝总开玩笑说，都说董事长要处理大问题，但是我们没有大问题，现在甚至连小问题都不找我。多年后回想起这些笑谈，多少有些感慨，也深深感激这段相识的缘分。

2009年，某国际公司大举进军中国，收购了很多丹阳的眼镜企业，明月当时也面临着这一重大抉择。那段时间，我与祝总一直保持着密切的联系，印象最深的是，他当时问过我一句话"你是要成为商人，还是要成为企业家？商人的目的是赚钱，创业者以不菲的价格变现，是一种成功；企业家是有所为有所不为，他不仅需要解决自身发展的问题，而且能够促进所在行业的健康发展，还会承担一些社会责任。"多次深入沟通后，最后明确了明月的独立发展道路，而这样的选择也倒逼着我们要在新的格局下重新定位自身的价值。

在与天强合作的过程中，我也不时参加他们举办的品牌活动，并由此思考明月的品牌和竞争力，我渐渐学会将企业发展的目光从内部转到外部，积极筹划家族企业如何发展成为社会的公共平台。

后来明月在考虑上市时，我第一个想到的就是找祝总商量，祝总提醒我上市是把双刃剑，将上市的优点和缺点一一与我分析。在引入第三方中介机构时，天强以"代甲方"的角色，认真帮我们参谋。明月的整个上市历程，天强的印记还是比较深的。2021年12月16日，明月在深交所创业板上市，成为"国产品牌镜片第一股"。

九年又九年，时光见证了双方这一路的合作与成长。作为一家民营企业，天强已经走过25年的历程，这很不容易。希望祝总能够一直保持旺盛的精力，坚持他到处飞的云端生活，也祝福天强在咨询领域大放光彩，持续做好勘察设计企业的咨询服务！

07 在天强种下种子，伴人生持续成长

杨刚 会稽山绍兴酒股份有限公司 总经理

初入天强，打开了一个新世界

2005 年，我在上海读 MBA，同学告诉我存在管理咨询这个行业，进一步了解后，觉得管理咨询的工作非常有魅力，可以站在第三方的角度帮助企业发现自身的问题，有那么一点"点石成金"的味道。对于我这样一个并没有企业长期工作经验的人来说，要快速了解企业运作规律，管理咨询工作是一个高效的途径。于是，我2006 年就开始投简历，有幸被天强录用了。

时间虽然过去 18 年了，但在天强工作时的故事还历历在目。当时我们一共二三十人，相互之间都认识，搞活动的时候，所有人聚在一起，大家很清楚地知道哪个人唱歌好，哪个人比较搞笑，相互之间也有一种默契，很友善，也很阳光，相处下来都有难忘的感情。我现在脑海中还能清晰忆起一位同事离职时的画面——离开时，他等候电梯的时间里，满眼泪花，依依不舍。

记忆中比较深的是几次因为项目做得不够好而被"修理"的事情。一开始我比较擅长人力资源项目，绩效考核、岗位评估这类还过得去，但做到战略类的项目，碰到的都是大问题。有一次，做一个文化演艺公司的战略项目，我当时对战略的认识不够深刻，无法分析勾勒出这家企业的战略选择。祝总带队到南京，项目组一起吃饭，被当众"K"了一顿，那餐饭非常难吃。当时的心情是非常沉重而煎熬的，但是一两个月熬过去后，就很快在"批评——自省——重建"过程中快速成长了。所以，每一次被"K"都是成长和财富，甚至会转化为人生的风景，我迄今都很喜欢的一句话"人

生是场修炼，沿途都是风景"，就是当时开始，一直延续到现在的感悟。

他山之石，可以攻玉

2007 年的时候，由于平衡家庭的因素，我选择回家乡绍兴发展。虽然在天强的总工作时间不长，但这段时间的快节奏、深度思考的历练，已然成为我职业发展中非常重要的一环。现在回顾，"独立、系统、工具"三者是我从天强受益的核心。

很多时候，我们做企业会有"身在此山中，云深不知处"的感觉，坐在什么椅子上往往会决定了我们的利益，从而影响甚至决定我们的思维方式，无法抽离出来看待事物。而管理咨询的思维方式会时不时提醒我跳出利益的牵绊，站在独立第三方的角度去分析问题、提出解决方案，这样得到的结论就更加客观。同时，管理咨询非常重视系统和全局性——当年即使做单一领域的项目，也会为客户企业做一次全面的诊断。这样，带着系统化的思考逻辑，带着综合的知识结构能力，即使是我后来担任中层干部，也一样可以提出具有全局性思考的方案，就是所谓的"像总裁一样思考，像秘书一样工作"。此外，管理咨询工作中会学习使用很多工具方法：比如波士顿矩阵等战略分析工具、金字塔原理结构化 MECE 原则、平衡记分卡等，这些工具经过天强工作期间的学习或者使用，一直在长期持续发挥作用。

2014 年，我又去读了 EMBA，拥有了两个管理方面的硕士学位。我跟祝总打了个比喻，念再多书，如果没有天强那段时间"打通任督二脉"，不排除我现在还稀里糊涂，不能把知识和能力放进一个个抽屉里，要用的时候能够拿出来。在离开天强之后的初期，我先后从事过人力资源、销售、战略规划、资本运营等领域，最近10余年先后担任了耐用消费品和快消品公司的总经理，快速变化的背后是需要一套操作系统的，而在天强期间引入并在后续持续发展的"独立、系统、工具"就是我的操作系统。

在工具中，我特别要提一下当年天强每一位顾问都要被培训到的"结构化思维"。做企业管理过程中，工作规划、工作沟通是非常重要的事情：我们经常会碰到复杂的事情，这就考验我们能否把它转化成几件相对简单容易操作的事情，而且这种转化需要做到不重复、不遗漏。只有如此，我们规划方案才能转化成团队各个维度的执行操作路径指引，公司的同事做事才不会迷糊，才能"复杂事情简单做，简单事情重复做"，进而，企业的流程才能逐步建立。无独有偶，前两天看到麦肯锡出身的冯唐写了一本结构化主题的书籍，在书中把结构化思维方法提高到很高的层面，深有同感。

我很幸运，在职场的早期阶段就遇见天强，天强就是我的一所大学，这所大学虽然时间只有一年，但是让我后面几十年的时间持续受益，我很感恩。

睿智 & 坦诚的祝总，一直在前行的天强

有一个小故事，刚到天强的时候，公司安排有一个祝总对外公开的讲座可以让我们听，我其实是真心想去听，但当天我正好要回绍兴，赶不上了。我就问祝总，有没有录音、录像，我后面可以听一下补上学习。祝总脸色一正告诉我：我们企业不能有恭维文化。后来才明白，祝总这样的讲座很多，我要录音录像明显就是有"拍马"之嫌，但是从此以后，对祝总的"坦诚"是印象深刻了的。

祝总在天强有一句常说的话，"当面说坏话，背后说好话"，我对这句坦诚的话"中毒"很深。后来我在某企业工作时候的一次高层会议里也倡导过，希望能够营造一种真诚相待的企业文化，坏话当面说。当时另一位高管还表达了不同意见，他说中国人你就别奢望这个了，背后能不说坏话已经很好了——哈哈，这也代表了大多身边人的心态。但祝总这样的理念，恰恰在这个社会背景下显得独特和可贵，也因此让我印象深刻。我给自己定的对应准则是，如果单纯人际关系，当面说说好话无妨，如果涉及工作利益和价值判断，当面开炮是在所不惜的。

祝总还有特别让我佩服的一点是，他几十年如一日的在做"空中飞人"，在这个飞行过程中，天强也在一直稳步向上。我平时很喜欢长跑，在我看来，公司持续稳定的提升，营收和利润指标就像我们跑步人常说的一个词：最大摄氧量。对于一个跑者，摄氧量的提升是一步步跑出来的，持续训练提升了心肌、核心肌群和四肢力量，从而才有了摄氧量数据的提升。回看天强这些年的发展，从二三十个人一点点发展壮大，似乎祝总的飞行里程就是一种象征，象征着天强组织能力的提升，也就有了人数、营收和利润等指标的增长。其实知识密集型的管理咨询公司在我看来管理难度很高，很容易出现大而不强，天强做到现在的程度就非常了不起。这背后有领导人的睿智，也有勤奋和坚韧。

天强马上要迎来 25 周年了，在这个充满不确定的时代里，祝愿天强能穿越牛熊、越来越好，同时也希望祝总能够慢慢飞得少一些，多点时间陪陪两个孩子。

与时代周旋的人

张静｜新媒体高级运营经理

01　祝老师与祝总

最近，热播剧《繁花》很受追捧，上海宝总的商海战事，被称为一个时代的回响。二十世纪九十年代，上海证券交易所开业，阿宝在老法师的指导下赚取了人生第一桶金，并凭借沪市发行的股票认购证，摇身一变成为"宝总"。"对当时的我们来说，目标从来不遥远，一步步一天天，只管全力以赴，剩下的交给时间"，这句《繁花》里的旁白，真切再现了那个时代的生命力。

同一时期，东北正在经历着《漫长的季节》中的下岗潮，火车撞击轨道的声响逐渐沉寂下来，吃了多年"集体饭"的工人们被迫走下工作岗位，涌向市场。人与时代的摩擦中，心灵困顿，季节漫长，普通人试图在急剧的转轨中，在慌张与挣扎中，按照自己的方式，跟时代打一个共鸣的响指。

也是在这一时期，在上海交大做了两年祝老师的祝波善迎来了他的职业转轨，先是脱产读研，毕业后并未按照导师期许的那样留校任教，而是入职了一家无形资产研究事务所。深入知识经济的前瞻研究，让他认识到人类即将迈入的知识经济时代——知识的生产、传播、应用会成为重要的生产力。与此同时，他也感受到在新旧转换的快速变革期，企业面临脱贫解困的现实需求。研究与现实带给他一种强烈的反差。他相信知识的力量，他想做一些能够帮助企业提升效益的事情，他希望能够把理论研究与现实需求连接起来……这些想法让他悸动，他开始寻找能够承载的土壤，尝试对接投资人。

几经波折，1999 年 9 月 9 日，取自于"天行健，君子以自强不息"的天强呱呱坠地。祝老师办理了停薪留职，成为了天强的祝总。

像大部分"老板"一样，祝总勤奋肯拼，每天只睡四五个小时，白天开多个会议，晚上回家还能处理很多项工作。

创业之初，一边是世纪之交激情燃烧的梦想——"成立一家知识服务机构，推动国家市场经济发展"；一边是梦想照进现实的屡屡碰壁——团队组建、市场开拓、项目服务……只有"祝老师"经验而没有"祝总"经验的祝总，像一个刚刚"下水"的游泳新手，要主动向外营销自己，要左躲右避不掉进"坑"，要在很多的"十字路口"做出自己的内心选择。

有一阵，他肚子疼得厉害，工作时拿本书顶着疼的地方直到疼昏在办公室，被同事送到医院。阑尾炎，已经快穿孔了，医生安排立刻手术。住院期间，放不下公司的事情，他偷偷在洗手间换好衣服从医院跑回公司。"人有两类：一类是圣人，先知先觉；另一类是像我这样的普通人，普通人想做点事情，不发疯，是不行的"。他说。

两年后，投资人对天强公司的运作失去信心和耐心，要"把公司关了"。"我觉得公司前两年没做好的原因在自己，因为对投资人有依赖心理，所以很多事情是飘着的，不落地"。而且，两年的企业运作，让他加深了对管理咨询业的认识——这是真正的市场化产物。祝老师辞去了体制内的工作，坚定地带领天强驶向"深海"。

"人之愈深，其进愈难，而其见愈奇"。为了在市场化的潮流中谋得一隅，天强选择了聚焦，先是聚焦国资国企改革专业，而后聚焦工程勘察设计行业。就像硬币的一体两面，聚焦带来鲜明的品牌特色，带来内部优势资源的集中，保持了祝总对市场化的坚守，也带来了服务领域的体量偏小，带来了服务深度的持续精进，带来了内部员工的动荡和流失。

随着服务的深入，与客户的互动给了祝总继续深耕的动力，也坚定了他战略选择的定力。他常常辗转于多个城市的飞机、高铁，走访客户，为协会、企业做报告，策划组织不同行业、企业的深入交流活动……上海成了他旅途中的一站。"如果环境和条件好，我们就跑得快一点；如果环境和条件都不好，我们就创造环境和条件"。浪潮涌动，他步履不停。

2013年，面对客户多元化、系统性的价值服务需求，天强结合自身优势提出向平台化转型。这场持续了六年的变革是一场没有先例的探索。一切都是未知，没有太多可借鉴的模式和经验，一切都是边摸索边改变。"如同第二次创业"，祝总这样描述，转型最痛苦的时候，他用"变革就是推开窗户往下跳，在下落的过程中长出飞翔的翅膀"来自我激励。

公司的每一次转型往往伴随着个人面临的挑战和痛苦，祝总也不例外。"最焦虑的时候往往不是来自事情，而是来自人。而牵扯到人的问题，是没有标准答案的，很多问题只能交给时间，只能自己来调整。"在很多"昨日事故、今日故事"的笑谈中，他一次又一次将事件的主要原因归咎于自身，审视自己作为一名企业管理者的"不成熟"之处。

新一轮（2024—2029）的战略共识会结束后，公司进行了一系列组织和人员调整。环境在变化，任何企业、个人都不能置身事外。祝总说，"过去，如果有人说天强是一个不讲情面的地方，我感觉就像脸上被连打了好几个耳光。这一轮调整，需要提升战斗力，传递寒意，重塑面临新变局的共识"。他将自我向"祝总"的角色持续对齐。

直到现在，在一些场合，还能听到有人喊他"祝老师"。在老师与老板的双重身份下，祝总与时代周旋，以变应变，推动天强的变革转型，也与自己周旋，力图让天强坚守一些原则，让自己"祝总"角色到位，但在商业之外，他依然保持了一些情怀，一些温度。

02 理性与感性

从软科学跨越到管理咨询行业，祝总始终相信思想的力量，他认为"有形的东西终将消亡，但很多经过实践检验的思想、认知，却会历久弥新"。

基于对管理的理解，以及天强变革的实践，他提出，"企业变革是一件复杂的系统工程，而变革的核心力量是企业家。作为企业的领航人，必须以极其理性的思维对待并推动变革，然而中国的企业家往往过于感性，并且中国转型期的经济环境成就了很多富有感性思维的企业家。企业变革需要走出'激动—盲动—被动'的漩涡。"

聚焦国企改革业务后，他认为"国企改革是一项牵扯到多方利益的攻坚过程，但要牢牢把握'改制是为了发展'的目标"。

深入了解工程勘察设计行业，祝总提出"除了管理咨询服务的开展，我们想进一步传递自身对于行业企业变革转型的理念与思考"。也是从这一阶段开始，祝总开始高密度对外输出自己的理念。

2008 年，国际金融危机全面爆发，经济的"冬天"里，国家出台了四万亿投资拉动政策，勘察设计企业高歌猛进。祝总表示，"短期来看，以巨额资产投资为主要手段的刺激经济政策无疑是'冬天里的一把火'，但长远来看，'急救式'做法，是'治标'，是对未来的'透支'，其后发酵的负面效果，将要通过更长的时间来消化。"

2015 年，我国经济进入"新常态"，业内企业经历了十余年的高速增长，进入市场环境的深度变革期。祝总首次提出"新生态·大设计"的发展理念。

伴随新一代科学技术颠覆应用、跨界融合的创新兴起，新技术、新模式正在深刻改变着人类生产、生活方式，在市场化、立体化、数字化演进的新型商业生态中，工程勘察设计行业面临着新一轮的价值创造逻辑、竞争格局、商业生态关系等多维度的挑战。2019 年，祝总在第一次提出新价值主张下企业发展困境的突破口——场景创新与精益运营。

迈入 2023 年，行业发展出现了明显的分化趋势，有企业通过创新迈上新的台阶，也有企业走到了"山穷水尽"随时可能出局。祝总一改往日的理性，更多以"心灵捕手"的角色鼓励企业，理性的面对、谨慎地选择、勇敢地接受，"压力之下也蕴含机遇，设计企业需要重新定义设计价值"。

多年以来，有人告诉祝总，"我是第十七次听您的报告，感觉很受益"；有人佩服祝总，"每年这么多活动，每次都有不同的侧重点，令人耳目一新"；也有人调侃他"贩卖焦虑"，"不转型，我们日子好得很"。

谈及这些思想的源头，他真诚谈到，"我并不是很多思想的创造者，只是"大自然的搬运工"。设计行业的管理者都受过极好的教育，在和他们打交道的过程中，我收获了很多的启发。并且我坚定地认为，不仅他们给了我启发，我的很多认识，也是在与他们的对话交流中产生的，他们的思考方式给了我很多借鉴"。

比如，2012年11月，深建科的叶青总来上海出差，那天晚上祝总和叶青总交流了一个小时。一回到车上，他怕自己忘记了，立刻在手机上记录下了叶总的若干观点。和金志宏总合作之后，金总对行业的热爱，那种"不是来源于经济上的，而是真心希望行业好"的深情让祝总很受触动。林同棪（中国）公司的杨进总是一个非常乐于分享的人，他觉得哪个人好一定会毫不保留地介绍给别人，"和我合作后，他觉得我很好，也努力把我介绍出去"……祝总"如数家珍"般介绍着他从其他企业管理者身上获得的能量。"这些给了我们莫大的鼓励、鞭策以及力量，有时候你觉得你不往前走不行"。

他持续输出自己对变革的理解，对企业发展的思考，在媒体采访中，在文章撰写中，在企业讲课中，在高校演讲中……这其中有知识营销的考虑，也有他自己的价值底色。出生于70年代，他有"为天地立心　为生民立命　为往圣继绝学"的理想追求，他会被一位多次历经风雨的老人一句"苟利国家生死以　岂因祸福避趋之"打动，他表示"很多事情，不能简单地算投入产出，不能功利性太强"。

与时代周旋，他以对变革的"呐喊"为己任，为行业发展提供理性支撑，也与处在剧变环境中的企业家携手同行。

03　悲观与乐观

刚刚过去的2023年，对很多企业而言是非常艰难的一年。三年疫情，一方面改变了经济走势，另一方面，一定程度上将企业发展所面临的问题转移、掩盖了，疫情退去，企业面临的挑战不仅全方位暴露，而且更加严峻。

尤其是第三季度之后，他在不同场合被问到"为什么还那么拼命工作，那么奋力前行"？"当下工作的热情来源于哪里"？还有人给他指明了一条康庄小道：公司缩减，他讲课、担任若干家企业的管理顾问，这样的日子会很滋润。

在协助祝总整理书稿时，他也会发问，"未来扑朔迷离，我们拿什么穿越周期？"

有时他苦笑着感慨，"中国的民营企业九死一生。天强能够活下来是一种偶然，某种程度上也是一种不理性。如果当初，顺应投资人的意图，把公司关掉了，那也许我今天就过着'钱多人傻'的生活，不会像今天这样退休无期。"

还有时，感受到很多企业的焦虑，他又"支棱"起来，以"悲观是远见，乐观是智慧"为企业家朋友打气，也为自己打气，"企业发展是一个曲折的历程。但从个人角度，人生是一个体验，不能以最终的结果或者最后的财富来衡量"。

情绪在客观的悲观和找寻理性的乐观中，感到焦虑，甚至有一些无助。变局在扩散、蔓延。

"时代的一粒灰尘，落在个体身上就是一座大山"。这句 2020 年初走红的句子，在几年后依然被广泛引用。滚滚洪流之下，企业拿到手的试卷变难了。

2023 年走到尾声时，经过多轮讨论，天强公司形成了新一轮的愿景升级及发展战略纲要，新的愿景升级为"值得信赖的生态型专业服务机构"，新的战略纲更强调创新型、服务型、数智化、生态化的"两型两化"发展方向。这是天强在求生存、求发展道路上全面且重要的一步。

祝总表示，新一轮的战略给了他一些的信心。"这样的信心不是因为天强在大变局中找到了'不死'的秘方，而是因为这是一次面对复杂问题的深入共识，每一个结论性的判断都经过了反复讨论、检视，解决了企业'后天在哪里，今天干什么，明天怎么来衔接、过渡'的方向问题；解决了企业对环境的适应性，进而解决企业内部资源的安排；也解决了组织中每个人工作的价值和意义，尤其反映出企业的核心人物对工作的价值追求。即使死，也是死在战略误判上，不是死在'苟苟营'"。公司战略宣贯会上，祝总用"让我们共同开启令人心动的新旅程"作为总结，但随即又在新的负面信息中悲观起来。

　　新一轮的战略落地会是祝总和天强公司面临的下一个难题，尤其是一个拥有 25 年历史的企业如何摆脱惯性，以新的状态融入时代潮流中。更大的难题在于，大环境带来的心态变化，以及展望未来时的沮丧和无可奈何。

　　我想，与时代周旋，带领公司在变革中生存、在变革中发展、在变革中超越，祝总还将步履不停下去。

　　祝福祝总！祝福天强！

25 年步履不停的力量

祝波善

创办并经营天强公司的 25 年，一路坎坷一路风景，往往来不及欣赏风景，就会遭遇下一个坎坷。甚至有时会觉得整个历程，似乎没有什么可以称得上的精彩，只是一路向前而已。

天强创立、发展的这 25 年，我曾无数次由衷地感恩时代，感恩时代给予天强机会，感念时代赋予我满怀的激情和永不言败的斗志。我依然记得公司每每遭遇发展困境时，我就用这样一句话鞭策自己，"智者的历史上永远没有失败，只有暂时的不成功"。虽然不敢自称智者，但总是希望往这个方向去追寻。

这 25 年，社会、经济、科技、人文发生着巨大变化，其中更有变幻莫测的时候，作为一家管理咨询公司，始终面临如何认识变化、理解变化、顺应变化、拥抱变化、超越变化。

管理咨询工作，有其内在的魅力，这种魅力主要体现在，可以和各种类型的企业打交道，结交不同类型的企业管理者，要持续关注各种社会经济问题，学习各种新知识，这些也是对这个职业的要求。这样的要求在某些时刻，成为让自己不能松懈的紧箍咒，但更多时候是一种乐趣、一种享受，进而内化成一种生活态度。

25 年来，我要应对自身公司发展的各种问题，从创业初期的蹒跚学步，到过程中遇到困难的彷徨与坚忍，再到面对外部环境巨变下或主动或被动的系列调整。同时更要关注客户企业、行业的发展态势、规律，不断去倾听、提炼、总结。还需要对社会经济中出现的一些现象去思考、分析、演绎。

公司发展遇到困难时，需要坚忍，在坚忍中寻找积极与乐观，面对困境时，偶尔也会感到无力，但此时深知必须迅速调整——调整心态、集聚力量，给予周边人以力量，这是对创业者的要求、企业管理者的要求，也是对管理咨询从业者的要求。纵然在公司发展顺利时，也不敢掉以轻心，似乎更没有弹冠相庆的时候，因为这时候，恰恰更需要保持谨慎与谦卑，这也是25年天强发展历程给予我的心得。

25年风雨兼程，之所以能够一直坚持，一方面是公司创办时的初心，始终在激励着我、激发着我；另一方面是一路走来，无数同行者给我鼓励、给我激励，这个过程，始终让我感到温暖、让我汲取力量。

25年历程中，天强的客户给了我许多感动，也给予天强不竭的成长动力。

我清晰地记得，2002年公司开展第一个战略咨询项目的情景。2002年7月份公司的现金流已经耗尽，又先后接受税务、工商稽查，我焦头烂额。一个偶然的机会，到福州与福建安然燃气投资公司交流洽谈，当时这家公司也刚起步两三年。白天，我一整天与公司的经营班子及相关部门负责人座谈交流，当晚该公司的马东兵董事长出差回到福州，原本是礼节性地与我见个面，结果相谈甚欢，一直聊到深夜。我就一天座谈下来的一些认识与他交流，并提出建议，建议公司可以从战略规划入手，构建公司的发展蓝图与框架。当时，类似这样的初创民营企业，还很少开展战略规划工作，实际上天强也没有系统地开展过战略咨询服务。我与马总当时明确地说了，天强这方面的经验也不足，但是我们会倾全力做好这项工作。我依然记得，马总对我的一个观点深表认同，我大概意思是，战略是解决企业有没有未来的问题、是解决企业发展是否真的有价值的问题。后来经过一段时间的合同磋商，双方签订了一个35万元的咨询服务合同。

为了有效推进项目，我们策划了一整天的项目启动会，参加的人员不仅有安然公司的全体员工，还有马东兵董事长邀请的一些合作单位负责人。启动会议之前，我在会场外听到安然公司有同事在议论，他们老板被我忽悠了，也有合作单位的领导觉得马总疯了。长话短说，后来这个咨询项目取得了良好的成效，客户各方面都非常满意。项目结束后，我们与该公司持续了好几年的服务，直到这家企业后来被上市公司全资收购、马东兵董事长退出、转到产业投资领域。

25年间，不仅得到很多客户的信任，还时时感受到大家给予我的关心与力量。

2020年疫情期间，武汉还在封城状态中，我组织了很多的线上交流活动。有一次线上会议，主题交流完，大家闲聊中，我感慨了一句，形势复杂，都不知道天强能不能撑下去。当时这句话是因为形势不明朗，很多工作无法正常开展背景下的吐槽之言。我清晰地记得，听了我这句话后，现任中信环境投资集团董事长杨书平先生立马说，我们绝不可以让天强活不下去的。他说完，其他各位嘉宾纷纷附和，给我鼓劲。那一刻，我一下子被感动到了。同时，也感受到某种责任。

25 年间，天强公司的诸多同仁给予我无数的支持与力量。

公司初创时期，一切都在摸索中。2000 年初，公司接的第一个咨询项目是一家汽车配件企业的并购重组项目。当时安排了一位相对资深的专业人员负责，咨询报告初稿拿出来后，客户非常不满意。我们意识到天强这位资深专业人员过去是做资产评估工作的，在资产评估领域是资深的，面对管理咨询项目，工作方法论上出现了偏差。面对客户的不满意，我与客户提出，再给我们一周时间，我们再出一稿。接下来的一周里，我带着刚进公司只有 3 个月莫海燕一起工作。莫海燕研究生刚毕业，属于工作上非常拼命、智商又超高的那一类人。一周时间里，白天我带着莫海燕出去走访调研，晚上请来各方面的专业人士访谈、请教，深夜开始整理材料、撰写报告。那一周，基本上每天都是凌晨三点后才能离开办公室。最后拿出的报告，客户很满意，并且后续还积极为我们推荐其他合作单位。在那一周里，莫海燕的拼搏态度与能力让我震撼。我还记得，快完成任务的时候，她说"浑身上下只剩动眼珠的力气"。

天强 25 年的历程中，有很多个类似于莫海燕这样有拼搏精神的同事，他们的努力与付出助力公司攻克了一个又一个山头，成为公司前行道路上的持久力量。

公司发展历程中，也经历过若干次较大的人事震荡。2016 年的时候，由于各种原因，那时候公司有一批成熟的项目经理离开公司，并在外面成立了一家咨询公司。由于大量的人员流失，公司内部的氛围和状态受到了巨大影响。当时我的压力非常大，有一段时间，整个人的状态也很不好。有一天在一个不经意间听到一句话，彻底让我振奋起来了。听说已经出去的人在劝说公司一位能力非常强的骨干离开公司，并且给他描绘了美好的前景。公司这位骨干讲了一句话，大致意思是：他不会离开，虽然他有理想，但是祝总的理想很大，现阶段足以包含他的理想，他愿意在天强继续奋斗。

天强25年的历程，不仅有一批批的奋斗者，还有一批批类似这样的同事，给予我面对困难的力量。

天强25年的历程中，社会各方面给了我诸多的提点和启迪。

公司从创立至今，得到了社会各方面的支持，在公司发展的很多重要时点上，一些朋友、专家、领导给予我关键的指点和帮助。

公司从2001年开始决定聚焦改制专业，我们做了很多的努力，包括认真学习领会国企改革方面的政策、法规，召开各类的座谈交流会。我也受邀作为专家参加相关的研讨班进行授课。一个偶然机会结识了时任国家国资委企业改革局副局长的周放生先生，在那之后，周放生局长给予我们很多的专业指导，也促使我们在更高的层面思考、推进相关国企改制的咨询工作。

回想起来，我与周局长的认识还颇有戏剧性。2004年11月份，中国经济体制改革研究会在厦门举行国企改制研修班，上午是周局长讲授改革政策，下午是我讲实务操作。我上午也到会场去听周局长讲课，一方面是学习，另一方面也是为了下午讲授的内容能很好衔接。在周局长讲授的中间休息时间，周局长得知我是下午的授课专家，他的下半场谈到相关观点时，就多次点我的名，问我的看法。俨然是"现场考试"。我估计当时周局长是想测试一下我，怕我"误人子弟"，误导了参会的学员。印象中，当时周局长就"郎顾之争"这个敏感问题，要我谈谈看法。具体怎么回答的，我已经记不清了。

周局长应该对我的测试结果是满意的。自那以后，就和周局长保持了长期的联络和互动，一直到现在。周局长也经常希望我们就国资国企改革的一些重要命题进行深入研究，包括股权激励、科研院所深化改革等，周局长的提点与指导使得我们在国企改革方面的重要问题，一直保持敏锐，并持续深入研究。

2013年年初，公司开始平台化转型，当年8月份公司总部搬到现在的办公地址——杨浦区创智天地。创智天地坐落于上海多所重点高校之间，是一处以知识经济为核心的大型综合社区，一大批国际级的创新型公司在此聚集。负责打造创智天地的是杨浦科创集团，当时科创集团的董事长、现任杨浦滨江公司董事长官远发，对于我推进公司转型给予了很大的启迪。刚入驻园区，我们发现邻居们大都是国际知名企业，或者是科技创新力很强的企业，我和同事开玩笑，"在整个园区里，天强可能只比楼下的一家面馆大一点"。在官远发董事长的支持和鼓励下，我们积极与园区里的企业互动，并在2014年发起成立"创智企业家联盟"，在和这些国际公司、创新公司交流的过程中，我们拓宽了视野、提升了思维，也为天强公司的发展打开了新的空间。

天强的25年中，还有一些因合作结缘、后面离开设计院后，一直关心天强的领导、朋友，比如现任江西省政协党组副书记、副主席陈俊卿先生。我与陈主席相识于2006年，天强为中国瑞林工程技术有限公司（原南昌有色冶金设计研究院）提供改制咨询服务，陈俊卿先生时任南昌院院长。改革艰巨且复杂，有非常多的困难，摸着石头过河的风险很大，双方通力合作下企业改制的成效非常好。后来，陈院长离开设计院，先后调任多个工作岗位，近20年的时间里，我们一直保持联系，他也给予了天强很多关注。类似这样的领导、朋友还有几个，步履不停的时光里，他们有时是一句不经意的问候，有时是一些中肯的发展建议，给我继续前行的力量。

25 年间，我的家人及亲朋好友也以各种方式给予我前行路上的温暖与明亮。

我是传说中的"小镇做题家"，在家乡人的评价体系中，在体制内工作才能算得上是成功。记得我从体制内辞职出来创办天强公司，我的父母非常不理解，虽然他们没有讲过一句反对的话，但是从他们谈及这件事情的神态中，我明显读出了这样的信号。至于天强公司的业务性质，我始终无法和我的父母解释清楚，我记得最初我的解释是，"一些大企业花钱请我们去给他们提升管理能力"，他们就回了一句，"人家已经是大企业了，干嘛要花那么多钱请你去帮他们管理"。如今我的父母都已辞世，我真切地感受到，他们至始至终都没有理解我这么多年到底在折腾什么。作为曾经的高考尖子生，我让他们自豪过，在体制内工作几年，也让他们开心过。而我持续奋斗了 25 年的工作，却一直没有让我的父母欣慰过。这也将成为我永远的遗憾。

而且，在公司发展的整个过程中，我的父母都在为我担忧。2002 年春节，我的父母来上海一起过年。春节放假前，我发现公司财务上出了重大问题，由此又牵涉到其它麻烦。整个春节假期我都在外面忙，根本无暇顾及父母。虽然我没有明说，但他们也知道我碰到麻烦事了。那次是我母亲第二次，也是最后一次来上海，我没有能好好陪她。我还记得，2004 年 4 月份的某一天我突然回到老家，那是因为我开车去江苏宿迁谈一个客户，前一天深夜遭遇车祸，我们的车子损毁严重，第二天驾驶员跟着拖车把车子拉回上海。我见完客户就趁机回老家看看父母，当时也没有多想。不曾想到，这样的举动，让他们对于我一直在外奔波的安全产生持久的担心。双亲已逝，遗憾长存。

由于工作的性质，出差成为常态，近20年来，除了疫情特殊时期，我每年大概一半到三分之二的时间都在出差。很多朋友讲我，不是在机场，就是在机场的路上。这种情况下，家人的牺牲与付出，便成为我"步履不停"的伴生品。2022年上半年，疫情封控在家，很多朋友觉得我终于可以"消停"一点、陪陪家人了。实际情况是，那段时间，我从早到夜，各种线上会议安排的满满的。疫情封控结束后，我的夫人说，封控在家的几个月，发现我比平时更少陪家人。因此这么多年，我就是在不断认错、不断保证中，开启新一轮的"不靠谱"。

25年来，遭遇过很多次的低谷，是我的很多亲朋好友给予我温暖，让我感受到我并不孤单。

公司一路走来，是步履不停的长途旅行，同时也是一场内外兼修、心神共振的持久修行！公司一路走来，是一段集聚力量、传递力量的能量作用过程。

25年的时间，在历史的长河中，也仅仅是一瞬间，但对于天强公司、对于我本人，却有很多很多值得铭记、值得永久回味的感动。

这几年，巨变的外部环境，让人捉摸不透；很多的事情，也显得扑朔迷离；面对变局，很多时候显得不可言状。过去的经验无法解释现在，更无法预知未来。周围很多人都有一种"拔剑四顾心茫然"的感觉。

经过了25年洗礼的天强公司，必将继续在迷雾风暴中穿行。

我也依然会步履不停、不断前行！

图书在版编目(CIP)数据

步履不停 ：一位管理咨询创业者的激荡 25 年 / 祝波
善著. -- 上海 ：上海三联书店，2024. 7. -- ISBN 978-
7-5426-8577-3

Ⅰ. F241. 4

中国国家版本馆 CIP 数据核字第 20247C3A54 号

步履不停：一位管理咨询创业者的激荡 25 年

著　　者 / 祝波善

责任编辑 / 殷亚平
装帧设计 / 徐　徐
监　　制 / 姚　军
责任校对 / 王凌霄

出版发行 / 上海三联书店
　　　　　(200041)中国上海市静安区威海路 755 号 30 楼
邮　　箱 / sdxsanlian@sina.com
联系电话 / 编辑部：021 - 22895517
　　　　　发行部：021 - 22895559
印　　刷 / 上海盛通时代印刷有限公司

版　　次 / 2024 年 7 月第 1 版
印　　次 / 2024 年 7 月第 1 次印刷
开　　本 / 655 mm×960 mm　1/16
字　　数 / 180 千字
印　　张 / 15
书　　号 / ISBN 978 - 7 - 5426 - 8577 - 3/F · 922
定　　价 / 68.00 元

敬启读者，如发现本书有印装质量问题，请与印刷厂联系 021 - 37910000